La
Hiérar
vous p

Transformation Planétaire
Tome 2

SANANDA

La Hiérarchie vous parle

Transformation Planétaire

Tome 2

TRANSMIS PAR
PASCALE ARCAN

Éditions Hélios

Du même auteur :
Transformation Planétaire,
Tome 1
Éditions Hélios

Les Éditions Hélios - La Turinière - 50530 Montviron
site : editionshelios.ifrance.com
Courriel : ed.helios@ifrance.com
ISBN 2-88063-318-4

Présentation

Ce nouveau tome à pour but de vous emmener vers des territoires encore peu explorés, puisqu'il vous aidera à comprendre ce « futur » que beaucoup d'auteurs ou de channels essaient de décrire et de mettre en page.

Ce « futur » vous est présenté et expliqué dans ce livre par la Haute Hiérarchie. Sananda a désiré que l'Equipe, qui œuvre avec lui pour le réveil de la planète Terre, intervienne dans ce deuxième volume et offre à chacun de vous le meilleur d'eux-mêmes et de ce qu'ils sont censés vous aider à vous rappeler. C'est donc une écriture un peu différente qui vous est soumise cette fois-ci, mais je suis sûre qu'elle saura conquérir vos cœurs. Car, quand on reçoit l'Amour Inconditionnel de Notre Seigneur et Maître Sananda, on ne peut que se sentir apaisé, rassuré et aidé sur le chemin de notre reconnaissance. Que ce deuxième ouvrage soit pour vous le rayon de Soleil d'un instant de votre vie et qu'il vous aide, page après page, à vous identifier réellement comme vous êtes : des Joyaux de l'Univers !

Remerciements - Dédicace

Je pourrais, de nouveau, dédicacer ce livre à mes amis, mes parents, ma famille, à ceux qui ont quittés ma vie, à ceux que j'ai retrouvé et je le fais bien volontiers, car mon Amour pour eux est sans faille. Seulement, cette fois-ci, je tiens à remercier tout particulièrement Celui qui m'a permis de délivrer les mots remplis d'Amour qu'il a susurrés à mon oreille, pour vous, Notre Bien-Aimé Sananda. Je veux aussi remercier tous ceux de la Hiérarchie qui ont participé très activement, par leur chaleur, leur Amour, à l'élaboration de ce deuxième livre. Ils se nomment Maître Kut Humi, Marie, Ashtar Shéran et d'autres dont vous ferez la connaissance, car sans eux nous ne serions pas ce que nous sommes.

Ils ont dit qu'ils étaient à notre service, alors j'aimerais leur dire que nous sommes honorés d'avoir pour Professeurs des Personnages aussi merveilleux et majestueux que sont ces Maîtres Ascensionnés, ces Guerriers Galactiques, ces Entités de très Haut Rang. Merci pour leur bonté, leur Amour indicible, leur patience, leur fermeté aussi et leur passion pour la planète Terre et ses habitants : nous.

Introduction

Mes enfants, c'est avec joie que je vous retrouve dans ce deuxième livre que nous entamerons ensemble. Peut-être, certains d'entre vous n'auront pas eu la curiosité d'ouvrir le premier tome, mais je suis presque sûr qu'ils seront intrigués pour le faire quand ils auront exploré, avec attention, ce deuxième livre.

Cette fois-ci, nous allons procéder un peu différemment. Il sera question de dévoiler une partie de la composition de l'Equipe qui s'est jointe à moi depuis ces milliers d'années, afin que l'Ascension de la planète Terre se fasse dans les meilleures conditions possibles. Bien sûr, si votre chère planète est en train de terminer ses phases successives, ses paliers qui l'amènent vers sa miraculeuse édification, elle vous emmène, mes enfants, avec elle et vous vivez aussi, en ce moment, ces différents changements vibratoires avec une intensité parfois très difficile à supporter.

Aujourd'hui, je vous ouvre à nouveau mon cœur pour que vous puissiez vous blottir contre lui et vous sentir légers devant les évènements que vous vivez. Certains sont extrêmement perturbateurs et ils mettent à mal votre confiance, votre force, car l'égrégore de peur, de crainte, d'affolement, entretenu par une petite catégorie d'êtres encore non initiés, ne vous permet pas de réaliser pleinement votre divinité à chaque instant de votre vie. Mais je sais aussi que vous avez progressé pendant ces derniers mois. Vous avez réorganisé tout ce qui faisait autrefois un quotidien presque sans intérêt, un peu difficile à diriger, sans joie, sans but particulier. Ce quotidien, vous l'avez amélioré, vous avez su lui donner l'étincelle qui lui manquait et, jour après jour, vous vous retrouvez face à une nouvelle identité si particulière à réintégrer : votre Divinité.

Dans ce deuxième livre, il sera question de l'Ascension et, dès à présent, je désire vous informer que des Maîtres de Haut Rang vont venir vous apporter leur soutien par l'intermédiaire des pages que vous lirez. Tour à tour, ils vont se présenter à vous, dire pourquoi, eux aussi, ils ont offert leurs cœurs et leurs âmes à l'édification de ce joyau qu'est la planète Terre. Ils prendront aussi la parole pour vous aider à accéder à cette Union qui deviendra de plus en plus tangible, entre vos différentes émanations, qu'elles soient purement sur le plan terrestre ou dans les autres dimensions. Nous allons vous réapprendre *Qui vous êtes* réellement.

Si, dans le premier livre, nous vous avons laissé un peu seuls tracer ce chemin vers votre Divinité, c'était pour savoir si vous êtes maintenant d'accord pour devenir les Maîtres réalisés et parfaits que vous incarnez déjà dans d'autres dimensions. Nous allons vous donner des indications, des suggestions et vous pourrez les aménager dans votre vie de tous les jours. Nous vous aideront à passer, avec le moins de difficultés possible, ces soubresauts qui vont définir l'arrivée de la planète Terre dans le palier dimensionnel de sa totale réalisation : la 5^{e}dimension, la 4e n'étant que le sas très bref entre la 3e et la 5e.

Asseyez-vous confortablement et faites le vide en vous pour que votre attention soit parfaitement dirigée vers ce qui va vous être révélé maintenant.

Je vous chéris dans mon cœur, et nul doute que vous avez toujours posé sur le vôtre la magnifique Rose rouge dont je vous ai fait cadeau.

Mon Amour vous enveloppe en cet instant dans mon Rayon doré.

Baignez dans la joie !

Qu'il en soit ainsi !

Chapitre un

La Re-naissance de l'Etre

Comme il est doux, mes enfants, de reprendre contact avec vous aujourd'hui ! Vous m'avez manqué… Cette boutade me permet de vous faire sourire car je suis toujours à coté de vous, comme vous êtes toujours au centre de mes préoccupations. Et surtout je vous chéris tendrement dans mon cœur.

Nous commençons aujourd'hui à nous unir de nouveau, vous et moi, avec ces quelques pages pour intermédiaire. J'ai décidé que j'allais parler à chacun de vous et pour cela j'emploierai parfois la deuxième personne du singulier, car ce sont vos cœurs que je vais essayer de réveiller par l'Amour que je vous porte. Ce message va donc se destiner à toi qui es dans la rue en ce moment, à toi qui vis une carrière professionnelle trépidante et stressante, à toi qui passes tes journées dans ta maison et qui t'ennuies de ne pas voir autre chose que celle-ci, à toi qui recherches avec frénésie *Qui tu es* et ce pourquoi tu es là. A vous tous, je vais m'adresser particulièrement. Et c'est dans l'Amour le plus pur, le mien et Celui de notre Grand Architecte, le Créateur, que je dépose en son Nom la Rose de la Paix, de l'Amour, de l'Harmonie dans vos cœurs.

Voici venu le moment de se retrouver intimement. Recentrez-vous et faites-le en conscience. Alignez vos énergies entre celles du Haut, Célestes, et celles du Bas, Intraterrestres. Maintenant que vous l'avez fait, nous pouvons commencer à dialoguer et je vais parler à votre cœur.

Toi qui cherches un sens à ta vie, je puis t'assurer qu'il n'y en a pas de meilleur que celui d'être ce que tu es. Chaque jour, tu essaies d'ouvrir les yeux et tu ne vois pas toujours, autour de toi, que le meilleur des choses. Ton regard s'égare et tu te perds, les yeux brouillés derrière un voile d'incompréhension, les oreilles remplies de verbiage sonore incessant qui martèle ta tête. Tes sens sont complètement affaiblis, parfois même meurtris par ce qui t'entoure. As-tu bien réfléchis à ce que tu désires faire de ta vie ? Veux-tu continuer à errer dans un sens ou dans l'autre, cherchant obstinément quelle est la véritable voie, quel est le véritable chemin qui t'amène vers moi ? Ou as-tu enfin envie de te poser un peu, de faire la Paix avec toi et de Te retrouver tel que Tu Es ? Je t'invite maintenant à t'asseoir et à réfléchir quelques instants pour faire consciemment la séparation entre ta vie actuelle, peut-être vide ou au contraire trop remplie, et celle que tu aimerais voir parsemée de pétales de roses.

Te rappelles-tu que l'on t'a longtemps rabâché que tu as le choix de ce que tu veux être ? Et as-tu vraiment compris ce qu'est avoir le choix ? Ce dernier détermine complètement ta vie de tous les jours, ton passé comme ton futur. A chaque moment de ton existence tu peux te diriger à droite à gauche, prendre telle ou telle décision ou au contraire te rétracter. Tu peux continuer à errer, à courir après d'utopiques performances, qu'elles soient physiques, intellectuelles ou professionnelles. On t'a appris, justement, qu'il fallait être le meilleur en tout, qu'il fallait que tu te surpasses, que tu ailles au-delà de toi-même. Et parfois même, je souris en voyant certains faire des stages d'apprentissage pour être « celui » qui réussit. Mais que veux-tu vraiment réussir ? T'es-tu posé suffisamment de temps pour prendre tes décisions ? Pas avec ton mental, mais en demandant à ton cœur ce qu'il désire vraiment. As-tu pris le temps de dire : « Maintenant, je désire être un être accompli, je désire être moi-même, je désire que ma vie soit belle, qu'elle se passe dans la joie, dans l'amour et l'abondance. Et par dessus tout je désire être ce que Je Suis » ? As-tu pris le temps de faire tes choix ? Ou est-ce que tu préfères te laisser guider, comme vous l'avez tous fait d'ailleurs depuis des éternités, par ce que pensent les autres ou par ce qu'ils vont vous dicter.

Bien sûr, tout au long de ta vie, on t'a instruit à l'école et l'on t'a dit que les bonnes manières étaient comme ceci ou comme cela, qu'il fallait que tu fasses la comparaison entre le bien et le mal, car tu devais te comporter d'une certaine façon et pas d'une autre. Plus tard, sur les bancs du catéchisme ou lors d'autres enseignements spirituels, on t'a demandé de respecter les êtres qui t'entourent, ce qui est bien, mais surtout de t'agenouiller devant mon Père le Créateur, car tu n'étais pas digne ni de le regarder, ni de lui parler. Dans ton système éducatif et social on t'a imposé des carcans, des idées déjà préformées et conçues, des lois à ne pas transgresser et tu t'es soumis gentiment à rentrer dans ce moule, sans vraiment te poser de question car, en fait, tout ceci comportait des choses pensées et établies, donc vraies. Et si je te disais qu'il est grand temps que tu penses par toi-même. Je sais, il est très difficile de te demander de désapprendre tout ce que tu as en mémoire, et pourtant, c'est par cela que nous allons commencer.

Désapprendre, cela veut dire que tu vas être capable, dès aujourd'hui, de faire preuve d'un grand discernement, de faire la part des choses entre ce que l'on t'a inculqué et ce que ton cœur te dit. Peux-tu faire la différence entre penser par toi-même et prendre tes décisions ou alors laisser les autres le faire pour toi ? Vois-tu ce que je veux dire ? Tu ne peux pas réellement retrouver ta véritable identité si dès aujourd'hui tu ne commences pas par dire ce que tu penses : ton opinion sur tel ou tel sujet, ta propre compréhension de telle ou telle matière, et surtout de l'affirmer avec conviction profonde. Mais en ayant la justesse de ne jamais l'orienter vers un quelconque pouvoir sur l'autre, simplement la réaliser dans ton propre état d'être. Etre ce que *Tu Es* véritablement commence par ça.

Je pourrais te donner, comme exemple, l'idée de dresser une liste. Dans celle-ci tu mettras exactement tout ce que tu désires, pas simplement sur le plan matériel, bien évidement, mais comment tu désires que ta vie prenne telle ou telle direction. Fais ces choix en demandant simplement à ce que ton cœur ouvre une petite fenêtre, pour te permettre de rentrer en lui et de converser ensemble. Il sait ce dont tu as besoin, il sait ce qui est bien pour toi, il connaît ton chemin, ta vie, il sait par où tu es déjà passé et il saura parfaitement bien te guider vers ce que tu voudras être. Peux-tu faire cela maintenant ? Es-tu vraiment prêt à devenir ce que *Tu Es* ? Si c'est le cas, écris donc Ta Volonté, car ce que tu désires sera entendu. Et je peux même t'affirmer que tout sera mis en œuvre par la Hiérarchie pour que tu l'obtiennes, dans la mesure où tu le veux réellement. Après, une fois que tu auras écrit tes volontés, n'oublie pas de faire quelque chose en ce sens. Si, par exemple, tu désires voir arriver l'abondance dans ta maison, agit pour cela. Tu peux te servir de symboles que tu vas placer dans les pièces de ton appartement ou simplement créer dans ta tête une phrase affirmative qui sera aussi simple que : « Je Suis dans l'abondance. »

Ta maîtrise actuelle te permet maintenant d'avoir accès au coffre fort qui t'attend dans les autres dimensions et qui, je puis te l'assurer, est rempli de tout l'or dont tu as besoin, de tous les joyaux que tu mérites, de tout l'argent qu'il te faut pour mener à bien ta vie. Tu dois accepter cela. Accepte l'abondance chez toi. Ne crains pas de vouloir paraître différent des autres. La richesse est considérée parfois, et malheureusement, comme un vice dans votre dimension. Pourtant, le mot richesse est celui que nous employons quand nous parlons de votre richesse intérieure. L'argent vous brûle les doigts. Vous avez autant peur d'en posséder que d'en manquer. Trouvez donc ce juste milieu entre le fait de refuser ce qui vous est dû et celui de vouloir posséder à outrance.

Si tu dis : « Je Suis dans l'abondance », tu l'es automatiquement. Mais, bien sûr, il faudra que tu dises cette affirmation consciemment et avec l'aide de ton cœur. A ce moment-là, tu verras que ce premier vœu se réalisera avec une facilité déconcertante et que plus jamais tu ne manqueras de rien. Voilà comment cela se passe quand on désire être un Etre entier, en pleine possession de sa maîtrise, de ses pouvoirs.

Pose-toi donc quelques instants après la lecture de ce chapitre et fait la liste de ce que tu veux qui s'installe, maintenant, dans ta vie. Tu as droit d'avoir tout ce qui est prévu pour toi, tout ce que tu demanderas, tout ce que tu désireras. Tu as plein pouvoir sur cela. Alors crée consciemment le monde dans lequel tu veux évoluer, celui qui t'est proche, comme celui que tu vas dessiner pour les jours et les mois à venir. Œuvrer en conscience, c'est cela mon enfant. Prends un crayon, je te tiens la main pour que tu puisses commencer à te trouver digne de recevoir ce qui t'appartiens. Réveille-toi, le moment est venu pour toi de demander. Fais-le avec l'aide de ton cœur !

Et il en sera ainsi !

Chapitre deux

La Re-connaissance de Soi

La volonté anime beaucoup d'entre vous. Elle peut être assimilée aussi au courage, à la foi, à la persévérance de l'accomplissement de votre être suprême sur le chemin de cette vie. Alors, toi qui lis mes lignes, je vais t'aider à te retrouver tel que *Tu Es*.

As-tu envie de savoir réellement d'où tu viens, ce pourquoi tu te promènes dans une vie que tu essaies d'agrémenter du mieux possible, dans un quotidien que tu améliores avec les moyens dont tu disposes ? Nous allons parler de cela aujourd'hui. Il est grand temps que tu te re-connaisses et que tu saches quelle est ta Source, pour pouvoir mieux t'acheminer vers ton futur immédiat. Prends encore une fois le temps de te poser pour lire ces quelques pages afin de t'en imprégner et de venir boire à la Source de Toute Chose.

Aujourd'hui, je vais passer la parole à un Grand Personnage très connu de la Hiérarchie et qui s'occupe, avec moi, des affaires de la Terre. C'est Maître Kut Humi qui va intervenir pour te parler et te dire *Qui Tu Es* et d'où Tu viens. Je lui laisse la parole.

« Bonjour à toi enfant de Lumière.

J'interviens aujourd'hui pour te parler des différentes facettes qui forment ta personnalité. Je désire que tu prennes conscience de ta Divinité à travers ce que je vais tenter de t'expliquer.

Crois-tu être seul au monde, perdu dans l'Univers, dans l'Immensité de la Création ? Ou te sens-tu relié à certains aspects qui forment ta vie ici-bas et peut-être celle des étoiles, des astres flamboyants, des constellations ? Lèves-tu, de temps en temps, la tête vers le ciel des nuits d'été où tu rêves de voir passer une étoile filante ou pourquoi pas un vaisseau spatial pour les plus curieux ? Te prends-tu à penser que tu n'es pas vraiment de ce monde, que tu appartiens à un ailleurs que tu ne situes pas précisément, mais qui te semble si loin de toi ? Je vais te rassurer car tu as raison de regarder l'Univers de cette façon, tu ES un enfant des étoiles. Tu ES une Etoile, tu ES un Soleil.

Dans des temps infiniment lointains, impossibles à décrire dans votre langage binaire ou votre temps linéaire, la Source de Toute Chose, l'Energie Créatrice Primordiale existait dans son cocon de Lumière dorée. Elle vivait intensément l'Amour, la Joie, la Passion d'Être. L'Essence de Toute Chose était formée d'un agrégat d'énergies toutes solidaires les unes des autres. Cette Energie vivante était simplement présente dans la joie de ressentir, à chaque instant, l'Amour le plus pur. Je désire t'annoncer que toi, parcelle de l'Univers, tu étais déjà présent dans cette boule d'Amour. Un jour, toi-même et quelques-uns de ta lignée, avez décidé d'expérimenter ce qui se passait à l'extérieur de cette bulle. Tu t'es détaché tout doucement comme un astronaute vêtu d'un scaphandre et rattaché par son cordon ombilical à l'oxygène d'Amour de la bulle dorée. Tu as regardé au dehors et tu as permis à ce que l'ensemble des autres étincelles divines soient au courant de ce qui se passait « à l'extérieur ». Puis tu es revenu dans le cocon douillet de l'Amour Infini. D'autres ont fait comme toi et ont décidé d'aller voir ailleurs ce qui se passait en observant la Vie qui se trouvait dans l'énergie si différente de la boule d'Amour, le grand sidéral.

Tout doucement, tout doucement vous êtes descendus, vous vous êtes extirpés de l'Amour vibratoire de l'Essence pure et vous avez offert à votre Créateur la possibilité d'apprendre ce qui se passait au dehors. Pour cela, toi et beaucoup d'autres de tes semblables, vous avez voulu descendre dans la densité et découvrir, au fur et à mesure de votre passage dans les dimensions, la dualité par exemple, ou l'unité. Vous avez ensuite conçu le masculin et le féminin. Dans d'autres densités, vous avez choisi de vous reconstruire dans votre totalité et vous avez créé des êtres androgynes. Puis, continuant votre route, vous avez permis au Créateur d'ensemencer de multiples Vies dans chacun des plans dimensionnels que vous avez traversés. Par votre don, vous Lui avez donné la possibilité de vivre à travers vous les expériences de chaque incarnation dans les différents plans dimensionnels. Vous vous êtes défragmentés. Puis, cela fut de plus en plus difficile quand vous avez voulu descendre dans la densité extrême de la 3e dimension. Mais tels de véritables kamikazes, vous avez offert l'opportunité de vivre des expériences tridimensionnelles au Grand Tout.

Vous vous êtes enfin installés dans un doux ronron, remontant à volonté toutes les échelles dimensionnelles, rapatriant certaines de vos identités au passage pour vous reformer et revenir, de temps en temps, goûter l'extrême joie de l'Amour puissant du Verbe Créateur. Puis vous redescendiez. Et toi, tu faisais de même. Tu passais d'un état vibratoire à un autre. Tu passais de l'état lumineux, à l'état gazeux, puis plus dense et encore plus dense dans la 3e dimension. Un jour, ne pouvant plus expérimenter à ton aise la densité de cette dernière, tu as demandé qu'à chaque réincarnation ta mémoire soit partiellement ou totalement effacée de *Qui* tu étais réellement. Et tu as choisi de rester dans l'anonymat le plus complet pour t'aventurer plus sereinement dans des vies difficiles où tu es devenu moine, guerrier, parfois même meurtrier, et bien d'autres personnages, bien loin de ta Source première.

Mais à l'intérieur de toi il y a eu, et il y a toujours, l'Etincelle de *Celui Qui Est*. Comprends-tu maintenant que tu n'as jamais été séparé du Père/Mère Créateur ? Car tu es simplement un prolongement de Celui-ci. Comprends-tu encore que jamais tu n'as été seul et que tu as toujours été habité, quoi que tu fasses, du plus pur Amour ? Comprends-tu enfin que, maintenant, rien qu'en lisant cela, tu as la possibilité de réintégrer toutes les facettes de ta personnalité, de ton identité que tu as posée, ça et là, au gré des dimensions où tu vis simultanément. Je sais qu'il est difficile d'intégrer cet enseignement et nous y reviendrons. Mais *Tu Es* déjà un Ange, un « extraterrestre », un Maître Ascensionné ou une Entité de Haut Rang.

Maintenant, élargis encore plus ta pensée. D'abord, regarde-toi « descendant » ce filament d'Amour doré depuis le centre de la Totalité, te donnant tel ou tel nom à un étage dimensionnel différent, te posant pour approfondir une vie, par exemple dans la 10e dimension, puis une autre dans la 8e, dans la 3e et tant d'autres encore. Ensuite, tu dois savoir que tu n'es pas simplement sur un fil qui descend depuis la toile d'Amour que tu as désiré tisser, mais tu es aussi sur un fil qui se partage pour connaître la vie quand on est un homme ou quand on est une femme, quand on est une entité androgyne ou quand on a choisi d'être vêtu de Lumière. Là où tu as commencé à exprimer ton coté féminin et ton coté masculin, tu t'es scindé en deux parties bien distinctes. Voilà ce que l'on appelle des Jumeaux, des Flammes Jumelles.

Recommençons. Au-dessus de toi, il y a le Tout, tu es le Tout. Tu te poses dans une dimension puis tu te fragmentes. De Soleil, vous devenez Flammes Jumelles masculine et féminine. Puis chacun d'entre vous va se scinder en deux et descendre ainsi, petit à petit, comme le delta d'un fleuve qui se partage, et arriver jusqu'en bas dans la dernière dimension (la 3e) en ayant de multiples et multiples ramifications, pour se jeter enfin dans la mer. Tu es ainsi fait, mon enfant.

De la Totalité, tu exprimes toutes les facettes qui puissent exister. Peux-tu intégrer l'idée qu'en ce moment vivent simultanément de multiples toi-même, implantés ça et là, sur divers continents ou peut-être habitant la maison voisine à la tienne ? Tu dois essayer d'imaginer tes incarnations synchroniques de façon horizontale comme verticale. Ceci est encore plus difficile à appréhender, je le conçois. Essaie seulement de déposer cette compréhension à l'intérieur de ton cœur afin qu'elle y trouve sa juste place. Vois-tu, mon enfant, non seulement tu es relié à la Source de Toute Chose, mais tu es aussi multiplié en différentes divinités qui accomplissent, en même temps que toi, des expériences diverses pour que l'information de celles-ci remonte à la connaissance du Père/Mère Créateur.

Puisque mon Grand Frère, qui m'a laissé la parole, vous a dit un jour : « Aimez-vous les uns les autres », peux-tu réaliser maintenant le poids de ses paroles ? Peut-être que le voisin qui te harcèle est une partie de toi et donc de La Source. Peut-être que le gamin de la rue qui lance des cailloux sur tes carreaux est une partie de toi. Peut-être que la femme qui ne sait pas raisonner son langage est aussi une partie de toi. Mais surtout, peut-être que l'autre qui est d'une race différente de la tienne est une partie de toi et de la Source. Peut-être que l'autre qui n'a pas la même religion que toi est une partie de toi. Voilà pourquoi, à présent, tu dois faire connaissance avec l'Amour Inconditionnel, car *Tu Es* ce que sont ces autres personnages. Tu fais partie d'eux-mêmes comme ils font partie de toi et de La Source de Toute Chose.

Si chacune des ramifications du bas du delta commence à remonter, tout doucement, le filament dimensionnel, vous vous rejoignez. Le vois-tu maintenant ? Et plus vous vous rejoignez, plus vos ramifications sont petites, de moins en moins nombreuses jusqu'à arriver à l'expression finale de la Flamme Jumelle, du masculin et du féminin et qu'enfin ces deux pôles se rassemblent en un seul pour remonter sur la même ligne de Vie qui te ramène à la Maison. Comprends-tu maintenant ce que veut dire revenir à la Maison du Père/Mère ? C'est cela. Je sais qu'aujourd'hui mon enseignement est un peu difficile à concevoir pour certaines personnes, mais il est grand temps que vous commenciez à connaître *Qui vous êtes* réellement. Avez-vous accepté que, puisque votre Essence provient de la Source, vous êtes vous aussi une partie du Père/Mère Créateur ? Laissez-vous aller et regardez-vous. Vous avez tous été et êtes des Etres ascensionnés, des Anges, des Archanges. Votre lignée est des plus belle. Et toi, ici présent dans cette 3e dimension, tu as maintenant le devoir de rassembler toutes ces différentes identités pour qu'elles ne fassent plus qu'une à l'intérieur de ton cœur.

Sans doute laisseras-tu ce chapitre pendant quelque

temps. Mais Tu y repenseras, tu essayeras de le relire pour mieux comprendre ces connexions diverses et pour mieux Te re-trouver. C'est pour cela qu'aujourd'hui j'ai essayé de t'expliquer ton interdimensionnalité afin que tu Te retrouves tel que Tu Es. Cela ne sert à rien de penser dans ton cœur, je suis divin, je suis ceci, je suis cela, si tu ne sais pas par où commencer pour retrouver ta Divinité. Je viens de te donner la première clé, d'autres vont suivrent, bien évidemment, et ce sera à toi de trouver le moment précis où tu pourras faire se rencontrer la bonne serrure avec la bonne clé.

Peux-tu, enfin, être convaincu que la confiance doit régner en maître à l'intérieur de ton cœur ? La confiance en ta reliance avec l'Infinité de tout ce qui t'entoure. Quelle que soit la Création de Vie, tu fais partie de celle-ci.

Juste avant de refermer ce chapitre, je vais ouvrir une parenthèse pour te demander : « Mais alors, si tu es une partie du Grand Créateur, qu'attends-tu pour créer en toi et tout autour de toi le monde dans lequel tu désires évoluer ? Te sens-tu prêt à faire cela ? » Si tu réponds oui dans ton cœur, c'est que tu as compris *Qui Tu Es* et qu'à partir d'aujourd'hui tu vas œuvrer en ce sens.

Soit Divin mon enfant, Tu l'ES et tu me ressembles. »

Maître Kut Humi

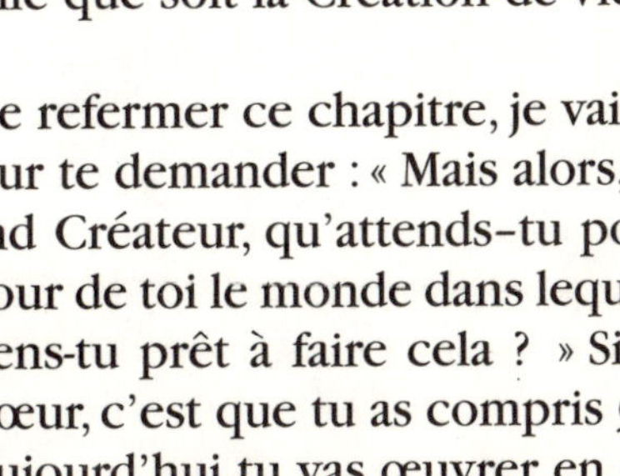

CHAPITRE TROIS

LA GRANDE TRANSITION

Je suis heureux, aujourd'hui, de vous parler d'un sujet que mon Frère Kut Humi a très légèrement abordé au chapitre dernier. Il s'agit de définir ce qu'est la Grande Transition. Beaucoup d'auteurs d'ouvrages tentent de décrire, tant bien que mal, ce que veut dire et à quoi correspond cet état de fait. Pour cela, je vais essayer d'employer des mots facilitant votre compréhension.

Vous avez appris depuis peu votre connexion interdimensionnelle, vous reliant à la Source de Toute Chose ainsi qu'à vos diverses ramifications incarnées dans des plans différents, que cela soit sur votre Terre d'accueil ou dans des dimensions plus subtiles. La Grande Transition désigne simplement le passage que vous allez effectuer d'ici très peu de votre temps terrestre. Déjà, l'année 2003, étant celle de la construction, a commencé à vous suggérer les prémices de votre future création de la Vie. Beaucoup d'entre vous se posent encore la question de ce que veut dire réellement l'Ascension. Vous entendez parler de Maîtres Ascensionnés, de transmutation, de transition ; ces mots désignent l'état de passage dans lequel se trouve la planète Terre ainsi que tous les habitants de celle-ci.

Votre corps physique, votre corps émotionnel vous crient parfois qu'ils ressentent un profond malaise et qu'ils ne savent plus où est leur stabilité dans ce monde de mutation, de changements. Vous ressentez physiquement des maux divers, vous faisant parfois vaciller, perdre l'équilibre, lâcher des objets de vos mains, vous cogner sans cesse. D'autres plus subtils vous procurent des angoisses, des peurs, remettant en question votre équilibre émotionnel, vous submergent, croyant que vous perdez confiance en l'Univers auquel vous appartenez. Chers enfants, comme la Terre se prépare à passer dans des dimensions plus fluides, la 4e très brève, puis la 5e, vous commencez à ressentir leurs effets. Vous, qui vous préparez, qui avez conscience de ces passages, vous pouvez maintenant mettre un nom sur cet état, vous êtes en pleine mutation vibratoire. Dans quelques mois seulement, le passage dans la 4e dimension sera effectué. Des prophéties de tous temps, se rapportant par exemple au calendrier Inca, vous disent que d'ici 2012 toute l'humanité, y compris votre Vaisseau la Terre, expérimentera la 5e dimension. Ceci est vrai, mais sachez que si vous êtes prêts, l'échéance sera plus avancée que prévue.

Quand je disais dans notre dernier ouvrage : « Mettez-vous à l'œuvre, il est grand temps », je mettais l'accent sur le travail que vous avez à exécuter. Celui-ci, vous l'avez commencé dans la re-connaissance de votre propre divinité. Maintenant que vous avez pris conscience de votre puissance, vous allez devoir la mettre en œuvre dans la création. C'est un mot qui englobe une infinité d'expériences et je vais essayer de vous donner quelques exemples pour vous faciliter la tâche. Vous transitez, en ce moment, entre la 3e et la 4e dimension. Cette dernière n'est qu'un petit palier avant d'aborder la prochaine : la 5e. Et bien sûr, la planète n'arrêtera pas là sa montée en fréquence. Mais ceci fera l'objet d'un prochain document.

En ce jour, vous devez être capable de créer en pleine lucidité, comme disait Maître Kut Humi, le monde dans lequel vous désirez évoluer. Il y a peu de temps je vous demandais : « Avez-vous fait vos choix ? » Je vais donc m'adresser à nouveau à toi qui tiens ce livre et qui essaies d'éclaircir ta vérité profonde à travers ces lignes. As-tu pris le temps de te poser quelques instants et de faire les choix de ta vie ? Que désires-tu réellement en ce moment ? Je t'ai soumis l'idée de faire venir l'abondance dans ton quotidien. As-tu commencé à exercer ta puissance et ton pouvoir par la pensée créatrice pour la réaliser ? Ou t'es-tu résigné à dire : « Je n'y arriverai jamais » ou encore : « Je ne crois pas que cela soit possible ». Bien sûr, c'est possible. Pourquoi essayerais-je de t'enseigner quelques méthodes pour sortir de ton conditionnement si celles-ci n'étaient pas hautement réalisables dans leurs simplicités ? Mais parfois ce qui est simple parait extraordinaire et insensé !

Pourtant, j'insiste. Que veux-tu voir s'installer dans ta vie ? Peut-être as-tu besoin d'une meilleure santé, car tu as laissé ton corps à l'abandon depuis tant de temps. Peut-être as-tu envie d'expérimenter l'harmonie en toi et tout autour de toi, car tu as l'impression d'évoluer au milieu d'un grand champ de bataille et c'est d'ailleurs ce que l'on veut te faire croire. Sans doute as-tu ressenti quelques tiraillements à l'intérieur de ton corps, ne voyant pas comment tu peux aider ceux qui sont dans le besoin quand tu l'es déjà. Si tu as un moment pour dresser la liste de tes désirs, de tes besoins, choisis celui qui est le plus important actuellement. Construis autour de ce mot la phrase que je t'ai déjà enseignée, pour te baigner littéralement à l'intérieur de la substance de ta création. Si, par exemple, ta vie manque de joie, inscris sur un papier : « Je suis dans la joie. » Puis, pense-le et dis-le à haute voix. Rappelle-toi, cette formule est valable pour chacune des intentions que tu désireras créer. Concevoir ton monde ne veut pas dire simplement amener à toi ce que tu désires, mais c'est aussi travailler par la pensée et par la visualisation pour que se réalise exactement ce à quoi tu aspires dans ton proche environnement. Désires-tu un monde meilleur tout autour de toi, rayonnant de joie, de bonheur, d'Amour parfait à la place de celui que l'on t'offre, gris, parsemé de terreur, de haine et d'affrontement ? Il n'y a pas plus simple que ça. Réalises-tu que tu as tous les pouvoirs en toi pour créer ce que tu veux ? Il suffit que tu penses par toi-même et que tu crées ta pensée. Vois, par exemple, se dérouler devant tes yeux le film dans lequel tu aimerais être l'acteur principal. Tu es la Lumière, tu es la Divinité, représente-toi en tant que tel. Puis imagine parfaitement le paysage dans lequel tu veux évoluer. Peut-être vas-tu en créer un qui ressemble fort à celui que tu habites en ce moment. Ou alors, désireras-tu te mettre dans des images somptueuses, paradisiaques, car elles te manquent cruellement dans ta vie de béton, loin de Mère Nature. Crée donc ceci parfaitement, en fermant tes yeux, et en le voyant le plus tangible possible. Quand tu verras ceci de façon réelle, je peux t'assurer que ta création sera instantanée. Comment est-ce possible ? Parce que je viens de t'expliquer que tu passes en ce moment même dans la compréhension de la 4e dimension.

Cette dimension, tu l'as expérimentée maintes et maintes fois quand tu as décidé de quitter ton corps. Tu es resté pendant un temps indéfini dans l'espace dimensionnel de la 4e, celui que tu appelles le domaine des morts, le repos des âmes. Cet espace est tout à fait l'endroit idéal pour la création. Il suffit de penser et instantanément, devant tes yeux, se réalise la vie que tu désires avoir, dans le paysage où tu veux résider, avec les personnages que tu as besoin de voir dans ton entourage. Les âmes qui quittent leur corps physique passent toutes par cet état créatif qui leur permet d'expérimenter ce qu'elles demandent, ce qui leur a manqué pendant leurs vies, ou au contraire de reproduire systématiquement ce qu'elles ont toujours vécu, sans vouloir changer quoi que ce soit. Bien sûr, tu sais pertinemment que tu n'es pas resté une « éternité » dans ce passage dimensionnel et qu'au bout de quelque temps, ayant fait l'expérience de tous tes fantasmes, tu as repris conscience de ton implication dans le devenir de la planète Terre. Et tu as sans doute demandé à te réincarner afin de poursuivre ton travail et l'évolution vers laquelle tu te diriges sur la planète de ton choix.

Peu d'entre vous, faisant le passage dans cette 4e dimension, ont réalisé qu'ils pouvaient passer derrière ce voile et continuer afin de rejoindre leurs personnalités qui œuvrent dans les dimensions supérieures. Car, rappelez-vous, vous aviez décidé d'un commun accord d'effacer toute mémoire de ce que vous étiez vraiment. Le retour à La Maison, dont a parlé Maître Kut Humi, est cela. Tu vas passer maintenant de façon totalement consciente dans la 4e dimension. Bien sur, tu ne vas pas te retrouver avec les âmes désincarnées, ce n'est pas cela. Le monde que tu crées, tu le façonnes maintenant pour le voir s'épanouir dans les passages dimensionnels que tu vas réaliser en même temps que la planète Terre. Tu vas donc décider consciemment d'ascensionner, de te diriger vers l'épanouissement subtil de ton être physique et multidimensionnel. La Grande Transition est simplement cela : le passage simultané de la planète

Terre et de tous ses habitants dans les paliers dimensionnels successifs, de la 4e vers la 5e. Vous y allez tous.

J'ai légèrement exposé le sujet lors du premier volume en disant que vous ne pourrez pas emmener avec vous tous ceux que vous côtoyez, du moins ceux qui n'auront pas fait le choix expressément de vous accompagner. Certaines âmes décideront de s'arrêter là et iront se reposer quelque temps derrière le voile, vous attendant patiemment. D'autres, ne pouvant êtres capables d'accepter l'augmentation vibratoire très intense, seront transportées vers d'autres planètes faisant encore usage de la densité de la 3e dimension et continuerons à vivre encore un certain temps dans cet état tridimensionnel. Elles prendront le temps de comprendre et de réintégrer avec douceur *Qui elles sont* vraiment. Ne soyez pas tristes de laisser partir ces âmes. Accompagnez-les avec douceur et avec Amour. Mettez-les dans votre propre Lumière et laissez-les aller.

Ces temps de grands changements, dont tu fais l'expérience, doivent te permettre de comprendre la nécessité impérieuse et absolue de ton réveil. Ton devoir est aussi d'éveiller les gens que tu côtoies, par exemple en plaçant, lors d'une conversation, un mot chargé vibratoirement de Lumière, permettant à ces personnes de s'interroger sur leur propre existence, leur comportement, leur implication envers la Vie. Tu vas devoir apporter la Lumière partout où tu te trouveras et tu essaieras d'aider ceux qui te le demanderont, les enseigner, les mettre sur la voie, sur leur chemin et les faire se re-connaître tels *Qu'ils sont*. Ceci demande une très grande confiance en toi et en notre appui permanent. D'autres Êtres de très Haut Rang vont venir t'aider à travers cet ouvrage, mais je souhaite que dès maintenant tu te prennes en charge pleinement.

Eloigne-toi totalement de toute source agressive, qu'elle soit à l'extérieur de ta maison, dans ton poste de télévision, dans les engins que tu promènes avec toi, te donnant l'illusion que tu es relié au monde entier.

Eloigne-toi de tout ce qui n'est pas la source de ta création, mais celle des autres. A l'intérieur de tout ce que tu consommes visuellement, auditivement, il y a une grande force de conditionnement et il est grand temps, mon enfant, d'en sortir.

Penser par toi-même et créer sont les deux premières étapes à franchir pour ta libération.

N'accepte plus les idées déjà établies et préconçues que l'on veut t'inculquer d'office.

Ne regarde plus les images que l'on te montre, au premier degré. Pense que derrière chacune d'elles se cache ton asservissement.

Oublie tout ce que tu as appris depuis ta jeune enfance.

Recrée ton monde et ta conception de celui-ci, déjà dans ton habitation, puis dans ta famille et tout autour de toi, l'espace dans lequel tu demeures.

Plus aucune limitation ne doit entrer dans ta vie, quelle qu'elle soit.

Vis dans l'abondance de biens, dans l'abondance d'Amour, dans l'abondance de joie, dans l'abondance de Paix.

Harmonise-toi avec tes identités multidimensionnelles, reconstitue-toi et lance ta Lumière tout autour de toi pour qu'elle arrose généreusement toute ta création et les êtres qui vont t'approcher.

Sois lumineux, Maître interdimensionnel.

Sois dans l'absolu et l'infini bonté de la Source dont tu fais partie. Je te rappelle que ton pouvoir est grand, use avec minutie de celui-ci mais revendique-le immédiatement.

Crée et aime pour qu'il en soit ainsi car la Grande Transition a déjà commencé.

Et il en est ainsi !

CHAPITRE QUATRE

MES CHERS ENFANTS,

Voici un chapitre sans titre puisque je le commence comme si je vous écrivais une lettre. Ceci n'est pas habituel, je le conçois, mais pourquoi toujours utiliser une rigueur quand on peut mettre, de temps en temps, un pied de nez à la rigidité et faire appel à l'humour qui vous manque si souvent ? Je vous écris cette toute petite missive pour introduire aujourd'hui quelqu'un qui n'a de cesse d'entrer en connexion avec ses semblables, avec tous ceux qui ont la facilité d'écouter et de retransmettre ses messages. J'ai l'honneur d'accueillir à mes cotés le très valeureux Commandant Ashtar Shéran. Bien connu de tous ceux qui s'intéressent de près ou de loin aux thèmes parlant des extraterrestres, ovnis, soucoupes volantes, petits hommes verts. Même si cette dernière catégorie existe dans un des univers, ce n'est pas de cela qu'il s'agit aujourd'hui. Je vais ainsi laisser la place à mon très vieil Ami, celui que vous nommez le Commandant Intergalactique. Laissez vibrer en vos cœurs les paroles de cet Être splendide.

« Bienvenue à vous, amis, frères et sœurs, enfants des étoiles.

Même si mon nom est maintenant très répandu et résonne à l'intérieur du cœur de beaucoup de

Travailleurs de la Lumière, je reste le principe même de l'Ordre Galactique. Nous faisons partie d'une Fraternité et mon nom ne s'apparente pas seulement à une seule personne, mais disons plutôt à ce que vous nommez un Commandement Intergalactique. Lors du précédent volume, mon Frère vous a suggéré que nous portions tous un troisième nom qui ne se prononce pas, voilà pourquoi celui d'Ashtar est divulgué à tout azimut pour qu'une représentation immédiate se fasse dans votre compréhension. Je ne suis pas unique mais je suis « plusieurs », comme vous l'êtes dans votre interdimensionnalité. Cependant, aujourd'hui il est question de mon incarnation présente dans les 5e et 6e dimensions. C'est donc à bord de mon Vaisseau Mère que je désire vous entretenir, pendant quelques instants, de ce qui fait partie de mon programme et du vôtre. Il concerne l'évolution de la planète Terre.

J'ai pris pour habitude de répondre aux nombreux contacts que désirent faire les habitants éveillés de la Terre avec la Fraternité de Lumière dont je fais partie. Très malheureusement, certains personnages parlent en mon nom, mais n'ont rien en commun avec ma propre personnalité. Quelques channels sont donc trompés et des enseignements qui ne me concernent absolument pas font route par le biais des inter-communications de vos ordinateurs. Je ne revendique nullement être en possession d'une quelconque vérité, mais je désire que votre discernement soit total et absolu quant aux messages que vous pouvez recueillir, ça et là, au fil de vos lectures divulguées par vos systèmes informatiques.

Ceci dit, je suis venu aujourd'hui vous encourager et vous prendre par la main. Nombre d'entre vous, qui se disent contactés, ont fait ou feront l'expérience d'une ou plusieurs visites à l'intérieur de nos vaisseaux intergalactiques. Hélas, il ne vous est pas encore possible d'en garder souvenance car ceci se passe, souvent, lors de vos profonds sommeils. Nous avons enseigné ainsi bon nombre de nos frères et sœurs, ceux que l'on qualifie « d'équipe au sol », et nous avons permis qu'ils se réveillent doucement à leurs réalités. Sur votre planète vit une grande majorité de ceux qui font partie du personnel au sol. Beaucoup d'entre vous ont voulu, à un moment donné, se rendre utile autrement qu'en travaillant à l'exécution de la Création. Vous avez décidé de venir en aide tout particulièrement à cette planète en pleine transition : la planète bleue.

Comme vous le savez sans doute, à travers les changements dont elle fait l'objet en ce moment, elle est la cible d'importantes transactions entre diverses fractions venant de l'immensité des univers. L'enjeu, pour nous, a été de placer très rapidement un nombre considérable de vaisseaux dans l'aura de votre planète afin qu'aucune entité, soit non invitée, soit ayant des élans guerriers, ne vienne perturber la maturité de ce joyau que nous aimons profondément. Vous savez aussi que votre planète chérie est l'endroit idéal où l'on peut faire l'expérience de tout ce que représente la Vie et la Création du Père/Mère Absolu. Sur votre sol, comme à l'intérieur, règne un mélange extrêmement impressionnant de vies différentes, du microcosme au macrocosme. Et comme l'on ne retrouve pas une autre planète digne d'une concentration aussi merveilleuse de Vie à proximité, elle est la cible d'une convoitise assidue de la part des habitants des autres systèmes solaires et galactiques voisins. Mais, en ces jours de très beaux changements pour elle, ce sont aussi des entités très respectueuses, venant de tous les univers, qui se sont rassemblées tout autour pour voir l'éclosion de cette fleur magnifique que vous avez baptisée Gaïa.

Vous vous demandez sans doute ce qu'est la vie à l'intérieur de nos vaisseaux. Elle ressemble quelque peu à la vôtre, sauf que nos rythmes ne sont pas calqués sur celui du temps qui est une notion purement humaine. Souvent nous vous répétons que, pour nous, le temps n'existe pas. Il n'est surtout pas linéaire et nous vivons dans la simultanéité de toute chose. Je ne peux vous raconter comment se déroulent nos heures de travail. Elles se font simplement dans l'Amour le plus grand, dans la joie du partage et aussi, comme l'a bien compris mon Frère, dans l'humour permanent. Si vous aviez la possibilité de nous voir travailler, vous seriez certainement surpris de la façon dont nous pouvons nous concentrer sur notre tâche, même si celle-ci est ponctuée d'éclats de rire sonores. Nos équipes ressentent tant une joie incommensurable au Service que nous ne pouvons faire autrement que de travailler dans la légèreté de l'Amour Inconditionnel. La passion qui anime nos vies nous fait accomplir notre ouvrage avec gaîté et offrir naturellement nos spécificités avec Amour à tout ce qu'implique le déroulement du Plan de la Création.

Nous contrôlons systématiquement tout ce qui se passe sur la planète Terre depuis de nombreuses années, sans toutefois usurper votre droit concernant le libre arbitre. Certains savent que nous avons déjà du arrêter nombre de fantaisies de vos gouvernements, qu'elles soient d'ordre nucléaires, spatiales ou d'apprentis sorciers. Plus d'une fois nous avons intercepté un missile lancé « par mégarde » et qui aurait endommagé de façon inéluctable une grande partie du joyau terrestre. Aussi, nous avons conjugué nos efforts pour réparer ce que vous appelez les folies humaines ayant causé des préjudices très importants, soit à l'intérieur de votre sol, soit tout autour dans l'aura. Nous avons alors consolidé la mince couche de protection détruite par les émanations toxiques, nettoyé vos mers et vos océans afin que puissent continuer à vivre avec le plus d'aisance possible ceux qui détiennent la mémoire de votre planète. Je veux citer, bien sûr, vos amis les dauphins et les baleines. Nous avons permis très souvent que ne soit pas détruits ou exterminés certains règnes végétaux ou animaux et nous avons transplanté sur votre sol, sans que personne ne s'en aperçoive, de nouvelles émanations de ces vies mises en péril. Nous nous astreignons à récupérer le plus possible de tout ce que vous dégradez sans souvent en avoir pleinement conscience. Heureusement, quelques courants sociaux écologiques vous amènent à devenir concernés par votre subsistance, vous faisant vous lancer dans la culture bio, vous enseignant comment préserver vos fleuves et vos rivières, votre eau du robinet qui est de plus en plus insalubre. Vous vous émouvez quand la lâcheté d'inconscients détruit une partie de votre faune et de votre flore, qu'elle soit aquatique ou terrestre. De plus en plus, vous devenez sensibles à votre appartenance à un écosystème fragile et vous essayez de faire en sorte d'apporter votre aide, si infime soit-elle, à la venue d'une vie plus saine en respect total avec Mère Nature.

Je tiens à vous encourager en ce sens, car il nous est très difficile de passer autant de temps pour réparer les dommages que vous causez. Notre travail est d'une ampleur considérable, et permet que la Vie continue d'exister sur cette planète sublime. Sans vous en rendre vraiment compte, vous nous aidez dans notre travail quand vous décidez de vous remettre en cause, de trier vos déchets, d'accepter une alimentation saine et non modifiée ou encore torturée, d'avoir aussi des pensées bénéfiques qui créent un égrégore d'Amour entourant maintenant une très grande partie de votre planète. Nous vous remercions pour ces aides ponctuelles que vous effectuez et nous vous demandons de continuer sur cette route.

Il est peut-être étrange que moi, le Commandant de la Flotte Intergalactique, je vous parle de nourriture bio ou d'écosystème mais cela fait partie de la protection de tout ce qui fait la beauté de cette planète tant convoitée.

Il est bien évident qu'une grande majorité de nos Guerriers Galactiques s'occupent à réglementer les va et vient de personnages peu scrupuleux s'enhardissant à vouloir conquérir l'espace dans lequel vous vivez. Ceci fait aussi partie de notre programme et il est exact que certaines « guerres des étoiles », qui se produisent à l'intérieur de vos univers, n'étonneraient aucunement vos cinéastes ou amateurs de science fiction. La seule différence c'est que nous n'usons pas du même matériel que l'on montre sur vos images. Notre rôle est bien de préserver la Création du Père/Mère. Par exemple, la plante la plus minuscule, et là nous faisons appel aux Dévas de la nature pour qu'ils nous aident à réparer ou à soigner votre règne végétal. Nous travaillons aussi en parfaite connivence avec les éléments que vous connaissez : l'eau, l'air, le feu, la terre et l'éther. Pour cela, nous avons aussi l'habitude de demander aux Elémentaux de nous prêter main forte et nous avons parfaitement accès à leurs entités groupes. C'est ainsi que se protège la Vie dont vous faites l'expérience en ce moment.

Quelques-uns parmi vous me connaissent particulièrement, car dans des dimensions différentes de la vôtre, nous avons l'habitude de travailler ensemble. Même si vous avez choisi de vous réincarner momentanément dans l'espace dense de cette 3e dimension, vous n'avez pas conscience que nous nous retrouvons, de temps en temps, lors de réunions formelles qui se déroulent à bord de nos Vaisseaux Mères. Quand nous nous rencontrons de cette façon, vous retrouvez tous les Personnages que vous connaissez par leurs noms et qui, en partie, prendront la parole par le biais de cet ouvrage. Et d'autres encore qui se manifesteront très certainement de façon personnelle à ceux qui le désireront. Alors, imaginez que mon Frère, nous donnant la possibilité de nous exprimer par le biais de ces quelques pages, vous rencontre et vous prends dans ses bras lors de vos visites au sein de notre confrérie.

Je crois que c'est à cause de cela que certains parmi vous ont « le mal du pays » et demandent souvent, en levant les yeux vers le ciel, à ce qu'ils soient rapatriés chez eux. Nous ne pouvons l'accepter car ce serait aller contre votre volonté première. Comme vous le savez aussi, vous avez choisi cette expérience dans la densité tridimensionnelle et je puis vous assurer que si l'on vous ôtait la possibilité de terminer ce que vous avez désiré expérimenter, cela vous priverait du plus beau cadeau que vous offre La Création. Ainsi, lorsque de Grands Personnages incarnés à l'intérieur de nos équipes au sol nous supplient de venir les chercher, nous ne pouvons que leur envoyer notre plus pur Amour afin qu'ils reprennent pieds et retrouvent l'objectif qu'ils se sont fixés avant de décider d'expérimenter cette vibration.

Votre cœur est déjà entré en résonance avec le fait

que vous allez passer dans une dimension supérieure d'ici peu. Vous pourrez réellement nous voir, reconnaître les vaisseaux que vous voyez dans vos ciels étoilés ou même en plein jour. Ayez tout d'abord la conscience que pratiquement tous ceux que vous avez croisés de façon très tangible, par l'expression de votre regard tridimensionnel, n'étaient pas de notre Force Galactique, mais provenaient bien de votre dimension actuelle. Ces engins font partie de ce que vos gouvernements vous cachent depuis bien des années. Vos dirigeants ont eu accès, grâce à un groupuscule que vous nommez extraterrestres sans émanation d'Amour, à une certaine technologie de pointe, mais elle se situe tout de même dans le domaine de la 3e dimension. Et si votre regard a croisé quelques appareils en vol auxquels il manquait le halot lumineux subtil d'antigravitation, ce n'était pas un véhicule de notre Flotte, mais simplement un dispositif conçu et construit sur, ou dans votre planète Terre. Ne soyez pas effrayés par cela, sachez-le simplement.

Il y a très longtemps que nous avons pris contact avec vos gouvernements. Depuis peu, nous avons rétabli ces approches et nous leur avons soumis nos instructions concernant le Plan Suprême qui doit s'accomplir. Malgré les réticences dont nous avons fait l'objet, nous avons certifié que la Flotte Galactique, de laquelle je suis l'émanation première, ferait en sorte qu'aucune dégradation importante ou irréversible, qu'aucun acte inconsidéré de leur part ne serait possible à nouveau. Ce n'est pas pour cela que vous, les enfants de la Terre, devez cesser de visualiser la Paix, d'entretenir de la joie dans vos cœurs, d'éprouver de la compassion pour tous ceux qui vous entourent ou même d'être Amour, bien au contraire. Aidez-nous par votre tâche de chaque jour, par votre prise de conscience. Aidez-nous dans votre façon d'être et de faire. Nous avons besoin, maintenant, que toute notre équipe au sol se réveille et agisse en fonction de ce pourquoi elle a demandé à s'incarner ici dans la tri dimension. *(Nda : retranscrit tel qu'exprimé)*

Nous prenons acte de vos efforts, de vos interrogations. Nous essayons de répondre le plus souvent possible à ceux qui désirent être enseignés par nos équipes. Nous demandons juste le discernement recommandé quant à la provenance de ce que vous recevrez. Je ne vous imposerai jamais aucune directive. Je ne vous demanderai jamais de revêtir une quelconque identité qui ne vous corresponde pas. Je suis déjà en relation avec beaucoup de mes frères et sœurs et je vous demande d'établir les contacts avec ceux qui me connaissent personnellement. Mon équipe et moi-même, nous vous remercions très humblement du somptueux travail que vous accomplissez car, je le ressens, vous le faites avec bonheur, avec joie. Et même si parfois vous perdez pied devant l'immensité de ce qu'il reste à accomplir, soyez assurés de notre aide permanente. Dans le plus parfait Amour de Notre Créateur, avec la joie qui inonde mon cœur, je vous envoie toute ma gratitude pour les objectifs considérables que vous avez entrepris de réaliser. Toute La Fraternité, toutes les équipes du Vaisseau Mère l'Etoile Blanche, de celui de l'Atlanta, vous remercient chaleureusement de coopérer à l'édification, à la construction du Plan prévu pour la planète Terre.

Je salue fraternellement toutes les équipes au sol et vous adresse ma reconnaissance infinie pour ce que vous représentez. Votre divinité ne fait aucun doute pour moi, car je vous vois tels que vous êtes : des Soleils émanant une Lumière indescriptible d'où rayonne la

Présence Dorée de Votre Créateur, la Source de Toute Chose.

Acceptez mon Amour en signe du Serment d'Allégeance que nous avons tous signé. »

Commandant Ashtar Shéran

Chapitre cinq

Le Papillon ou lâcher du lest

Il vous arrive certainement la sensation d'extase du moment où vous avez absolument conscience de faire partie intégrante de ce Tout qui vous anime et qui vous entoure. Dans ces moments-là plus aucune question ne vient perturber votre sérénité, vous ÊTES et cela suffit.

Cela se produira, peut-être, lorsqu'un jour un papillon viendra se poser sur votre épaule. Même si vous n'aviez jamais cru qu'un tel geste miraculeux puisse se produire : le papillon aura vaincu sa peur de l'homme et l'homme aura vaincu sa crainte de ne pas mériter un tel hommage. Et dans cet instant de communion, vous serez simplement en osmose totale avec tout ce qui vous entoure et tout ce dont vous faites pleinement partie.

En regard à de tels évènements, qui ne se produisent que très rarement, vous avez conscience de votre éloignement, de votre façon de rester superficiel dans la vie que vous menez, dans les expériences que vous vivez. On vous suggère bien de vous donner à fond dans ce que vous faites, mais ce sont davantage des challenges professionnels qui vous incitent à de tels actes. Pourtant si vous vous faisiez confiance, lors de vos balbutiements dans la spiritualité, vous vous retrouveriez bien plus souvent face à face avec ces petits miracles de la Vie.

Avez-vous conscience qu'il vous suffit juste d'accepter la vie qui vous entoure, les gens qui vous côtoient, les expériences que vous accumulez telles qu'elles sont pour que s'accomplissent ces prodiges ? C'est certain, la difficulté est bien présente car vous êtes au cœur d'une expérimentation complexe dans laquelle vous vous battez souvent pour refaire surface. Il ne vous vient pas encore à l'idée de vous laisser couler dans le temps et dans l'espace afin de ne pas vous éparpiller, cherchant à droite ou à gauche comment sortir de cette ornière dans laquelle vous vous trouvez, mais juste vous laisser aller.

Ne dit-on pas dans votre langage qu'il faut savoir toucher le fond pour pouvoir refaire surface ? C'est l'explication des oscillations que vous connaissez, celles qui vous mettent d'une humeur joyeuse ou qui vous dépriment totalement. Avez-vous remarqué que votre vie est sur une ligne ondulatoire et que vous oscillez entre le haut et le bas en permanence, entre la Foi et les craintes, entre le bonheur, le désespoir, entre l'ombre et la Lumière ? Pourtant, ce sont dans les circonstances les plus critiques que vous arrivez mieux à être sensibilisés par les petits clins d'œil de la vie. C'est à ce moment-là que vous réalisez combien elle est belle et vaut la peine d'être vécue. C'est quand vous êtes restés pendant quelque temps à vous renfermer dans votre coquille, ne supportant plus aucune agression extérieure, que vous décidez de réouvrir un peu votre espace et de trouver merveilleux ce qui vous paraissait laid ou sans intérêt quelque temps auparavant. Quand vous êtes dans des instants d'extrême joie, il ne vous est presque pas possible de vous rendre compte que vous pourriez expérimenter cela bien plus longtemps sans avoir besoin de vivre d'autres mauvaises sensations.

Comment peut-on expliquer ces changements de perceptions dans votre vie ? C'est très simple. Quand vous respirez à plein poumon, humant chaque fleur qui vous entoure, bénissant le Soleil qui rayonne sur votre peau, souriant aux personnes que vous rencontrez et vous sentant parfaitement à l'aise dans votre univers, cela prouve qu'à cet instant-là vous êtes parfaitement connectés à votre Source et que vous exprimez avec aisance une des facettes de votre multidimensionnalité. Différemment, quand vous vous sentez au creux de la vague, croyant que personne ne vous aime, ne sachant plus quoi faire pour réinsérer un brin d'intérêt dans une journée désagréable, qui en précède peut-être une autre et encore une autre, c'est que vous êtes déconnectés d'avec la Source de Toute Chose et vos différentes identités. Je reconnais que dans cet état de disgrâce vous n'êtes pas aptes à penser à la re-connexion et que vous n'avez qu'une seule envie, c'est qu'on vous laisse tranquille et qu'on abrège vos souffrances intérieures.

J'aimerais cependant attirer votre attention sur vos états d'âmes. La prochaine fois que vous sentez que votre énergie baisse, que vous n'avez plus réellement envie de sortir de chez vous, sauf pour le strict nécessaire, que les gens vous dérangent, que vous les trouvez sans intérêt ou désagréables, ayez l'instinct de réamorcer votre Être vibratoire. Pensez à le faire même s'il faut surpasser votre manque d'envie. Vous reconnecter peut être fait de manières différentes. Certains connaissent l'activation de leur Merkaba. D'autres peuvent s'installer dans le silence et écouter leur Voix intérieure. D'autres encore ressentiront le besoin de se ré-harmoniser avec des pierres de couleurs ou leur cristal favori. Il y a autant de variantes que de possibilités d'agir. Faire une promenade en forêt est tout aussi salutaire. Aller recharger ses énergies en marchant sur la plage d'un océan vigoureux est extrêmement bienfaisant. Mais vous pouvez aussi outrepasser votre envie d'enfermement en faisant l'opposé, en allant prêter main forte à quelqu'un dans le besoin, en souriant à celui que vous croisez dans la rue, en vous mettant à l'écoute de plus nécessiteux que vous. Mais là, je le conçois, il s'agit vraiment d'aller au-delà de vos limites pour arriver à passer par-dessus les lassitudes de votre vie.

Savez-vous comment vous dégringolez de l'échelle vibratoire en vivant ces états de grands désordres ? Il faut savoir que c'est aussi facile que :

- quand vous restez les yeux rivés devant votre poste de télévision pendant trop longtemps,
- quand vous vous êtes abasourdis à jouer sur vos consoles virtuelles, à prendre le rôle de tel ou tel personnage,
- quand vous avez passé beaucoup trop de temps l'oreille collée à vos téléphones cellulaires,
- quand vous avez préféré errer une journée entière dans des super-hyper-marchés bondés de messages publicitaires, de personnages peu ancrés dans leurs divinités, au milieu d'excitants sonores et visuels,
- quand vous avez épuisé votre énergie en restant à travailler, des heures durant, devant l'écran de votre ordinateur, et peut-être en avez-vous profité pour enregistrer quelques messages subliminaux en vous connectant à votre Internet.

Tous ces paramètres extérieurs s'implantent dans vos corps subtils et affaissent votre taux vibratoire de façon extrêmement violente. Je veux ainsi vous permettre de comprendre le mécanisme des sauts quantiques. Vous avez la possibilité de circuler dans les différentes dimensions, soit dans le monde plus subtil que celui que vous habitez, soit de descendre carrément dans la densité extrême vous reliant directement à « l'obscurité ». Bien sûr, il serait tellement mieux de pouvoir organiser votre vie et d'entretenir un niveau constant, c'est-à-dire vous sentir suffisamment à l'aise dans ce que vous expérimentez chaque jour, n'ayant besoin, ni d'augmenter vos vibrations ni de descendre votre taux vibratoire, en vous maintenant le plus longtemps possible dans un état de gratitude.

Ma grande philosophie de ce jour est pour vous amener à cette attitude, afin que vous puissiez préserver la potentialité de l'Être que vous représentez. Hélas, ce serait encore me répéter que de vous demander d'user à bon escient de toute votre technologie, de tous les accessoires que l'on a placés dans vos mains en vous disant que vous pouviez, grâce à cela, accéder à une vie plus facile. Mais qui, tout compte fait, vous la complique bien plus que de raison. Ce serait aussi me répéter que de dire qu'il serait plus adapté pour vous, les Maîtres en puissance, que vous preniez le temps de vous recentrer au contact de la nature. Car même dans une ville des plus sombres, aux vibrations les plus lourdes, il y a toujours un jardin public où l'on peut se réfugier et passer quelques minutes, adossé à un très vieil arbre. Il n'y a rien de meilleur que cela (en pensant juste à éloigner sur le banc d'à coté ce qui est accroché à votre ceinture en permanence et qui vibre ou sonne à chaque instant). Tous les accessoires que l'on a voulu vous offrir sur un plateau alléchant et que vous avez acceptés avec enthousiasme, pouvez-vous essayer de les reléguer à leurs justes places, d'où ils n'auraient jamais du sortir ? Peut-être les mettre dans la catégorie des objets de confort, mais pas davantage et surtout pas pour qu'ils envahissent votre vie au point que vous deveniez comme eux : de véritables robots sans aucune faculté de penser ni de création.

Je suis conscient que mes paroles sont un peu dures à votre égard, mais il est temps de créer aussi à ce niveau un discernement total. Avez-vous réellement BESOIN de vous entourer d'objets superflus sans lesquels vous viviez de façon très convenable ? Si vous vous êtes enfermés dans une dépendance quelconque, regardez ce que veut dire le mot dépendance. Quand vous employez ce terme vous pensez à la cigarette, à l'alcool ou certaines drogues, mais n'est-ce pas comparable quand vous ne pouvez pas vous séparer de votre téléphone portable ? Avez-vous vraiment besoin de ceci, ou ce jouet merveilleux ne cache-t-il pas un véritable mal être à l'intérieur de vous ? Posez-vous cette question. Et si, d'ors et déjà, vous pouvez y répondre, c'est que vous aurez pris le temps de l'éteindre, puis de vous en séparer. Comment faisiez-vous autrefois, n'est-ce pas ? Il n'est nullement question de laisser de coté tout ce qui simplifie votre vie, je ne suis pas rétrograde, mais je désirerais simplement que vous éloigniez formellement de votre entourage tout ce qui n'est pas réellement nécessaire.

A la fin de la lecture de ce chapitre, refermez ce livre, posez votre regard sur les objets qui vous entourent, laissez ceux qui ont une âme en place. Et si vous trouvez quelque chose qui n'a pas vraiment d'utilité pour votre réalité de Maîtres, prenez la décision de l'éloigner de vous. Puis, donnez-le ou jetez-le. Je sais que je vous demande de faire un acte qui est aussi astreignant que de vous arrêter de fumer ou de boire à outrance. Prenez le temps d'y réfléchir et de faire ce geste qui sera aussi miraculeux que lorsqu'un papillon viendra se poser sur votre épaule. Si ce joli insecte n'est pas encore venu à votre rencontre, cela veut sans doute dire que vous n'avez pas encore pu expérimenter des vibrations telles qu'il se sente parfaitement à l'aise à votre contact et que toute crainte soit effacée. Rassurez-vous, ce miracle de connexion n'est pas réservé au principe des Elémentaux, des Elfes de la nature. Vous pouvez parfaitement y accéder puisqu'il vous suffit de vous sentir complètement au diapason avec ce qui vous entoure pour que l'harmonisation se fasse et que le bien-être s'installe pour de longs moments.

Il ne s'agit pas de mener une vie d'ascète, une retraite d'ermite, de vous éloigner de tout pour vous consacrer simplement à la méditation. Ce n'est pas ce genre d'expérience de vie que vous avez à accomplir en ce moment. Mais au contraire, rappelez-vous, vous devez illuminer chaque espace dans lequel vous vous trouvez. Vous devez rayonner votre lumière au contact de tous ceux que vous rencontrez. Vous avez à déposer en eux la graine de votre savoir. Mais cela n'est pas réellement possible tant que vous restez englués dans des acquisitions qui détruisent partiellement votre état vibratoire, qui endommage vos corps subtils et qui ne vous permettent pas de rester sur le fil doré de votre Divinité. Faites donc un peu de ménage dans ce qui vous entoure et voyez ce qui peut être mis de coté pour vous permettre de vivre sereinement cette vie merveilleuse que vous avez dédiée à votre Père/Mère Créateur.

Dans les moments de sérénité et d'harmonie parfaite que vous expérimenterez vous aurez enfin la possibilité d'entrer en connexion directe avec vos multiples identités. Et peut-être que lors d'un instant de calme, vous pourrez passer dans l'espace-temps et voir réellement ce que vous êtes en train d'accomplir dans la 5e ou dans la 10e dimension. Rappelez-vous, chaque fragment de vous-mêmes s'active simultanément dans les diverses dimensions où vous vivez. C'est pour retrouver cet état de grâce que je vous demande le discernement face à ce que vous avez accumulé dans votre matérialité et qui, ne pouvant plus vous servir dorénavant, vous freine dans votre élan vers la maîtrise.

Prenez conscience que ces mots sont dits avec l'Amour Inconditionnel que je ressens pour chacun de vous. Soyez conscients que je désire vous voir sortir de l'accumulation esclavagiste dans laquelle vous vous êtes laissés emporter, très malgré vous. Nous n'aurons de cesse de vous mettre en garde contre les conspirations qui vous entourent, surtout pour vous dégager des craintes de celles-ci. Nous vous permettons enfin de voir clair et de mener une vie saine et sereine à nos cotés. Il est nécessaire de vous débarrasser de toutes les lourdeurs inutiles entassées. Nous avons besoin de vous en tant qu'Êtres lumineux. Ce ne sont pas des mots mais des réalités.

Mon Amour me permet de vous serrer tous contre mon cœur pour vous donner l'élan vers le discernement, la joie et le bonheur de vous délester ainsi de votre passé. Votre futur est maintenant. Soyez-en parfaitement conscients. Je vous étreins et vous aide, pas à pas, dans la volonté de parsemer votre route de pétales de roses.

Qu'il en soit ainsi !

Chapitre six

La venue du Nouveau Monde

Mes enfants bien-aimés, aujourd'hui est un jour extraordinaire pour moi. Comme vous le pressentez, je vais céder la parole à quelqu'un qui m'est très cher. J'accueille à mes cotés, la merveille des merveilles, la splendeur de la douceur incarnée, la joie de vivre, l'étincelle de beauté. Je vais laisser la place à celle qui m'a porté dans son sein et qui m'a permis de venir vous rencontrer dans le monde de la matérialité. Vous l'avez compris, il s'agit de Mère Marie, celle qui a été pour moi le support joyeux d'une vie entière passée à vos cotés. Elle a su avec poigne m'enseigner les vérités de ce monde. Elle m'a protégé dans son environnement de tendresse et m'a prodigué tout ce qu'un enfant et un adolescent rêvent en secret de vivre. A l'âge adulte, elle a été à mes cotés sans cesse, me suivant le plus souvent possible lors de mes déplacements. Son cœur, plus d'une fois, s'est serré dans la crainte de la dangereuse folie humaine, car comme moi, elle connaissait parfaitement la fin qui était mienne. C'est enfin avec ses larmes que j'ai pu garder la confiance et la foi indestructible qui m'animaient, jusqu'à ce que mon histoire, dans le monde de votre densité, prenne fin. Je suis la chair de sa chair et, en ce jour de grâce, je lui laisse la parole, car je sais qu'elle va vous parler comme parle chaque mère à ses enfants, avec un Amour qui n'a nul autre pareil.

« Mes adorables enfants, mon bonheur est grand et je suis parfaitement honorée d'avoir la chance de vous parler ainsi. Bien sûr, comme l'a dit mon Fils Sananda, j'ai eu la chance d'être à ses cotés tout le long de son voyage et il est vrai que maintes fois j'ai crains pour lui. Mais, laissant de coté toutes mes peurs, j'ai essayé de le soutenir dans le chemin qui était le sien.

Je sais qu'un premier ouvrage a déjà été consacré au devenir de votre divinité, à l'acceptation de ce que vous représentez, de ce que vous êtes, de ce que vous pouvez faire. Il m'est difficile de ne pas reprendre certaines paroles car elles sont d'une grande importance dans ces temps si particuliers que vous vivez.

Mais tout d'abord, je désire vous envoyer tout l'Amour que je vous porte. Celui-ci ne peut vraiment s'expliquer à travers des mots, il se ressent seulement. J'ai dans mon cœur un Amour tout particulier pour vous, chaque personnalité, qui avez ardemment désiré expérimenter la vie sur la planète Terre. Vous le savez, beaucoup d'entre vous ont choisi de venir ensemencer de leur Présence radieuse la planète entière. Je m'adresse à vous les Grands et les Hauts Personnages qui s'ignorent encore, à ceux qui ont commencé à se retrouver, à ceux enfin qui connaissent certaines facettes de leurs identités et débutent leur œuvre avec tout l'Amour qu'ils ont dans leurs bagages. A vous tous, je dis merci pour avoir voulu que l'enseignement de notre bien-aimé Sananda soit remis en main propre à l'humanité entière. Ainsi, toutes les discordances ou les dissonances répétées maintes fois par les religions diverses sont maintenant mises à nu, disséquées pour séparer le vrai du faux, le grain de blé de l'ivraie.

Avez-vous conscience du travail exceptionnel que vous avez à la portée de votre main ? Il vous a été dit qu'une partie de votre ouvrage consistait à planter des graines dans les cœurs que vous rencontrez. Ces graines, aussi minuscules soient-elles sont indispensables à la poursuite du Plan de Notre Grand Créateur. Nous sommes en pleine évolution et il n'est absolument plus possible de faire marche arrière, malgré que vous soyez souvent retenus dans vos élans par un environnement très destructeur. Vous allez devoir mettre en avant, dès maintenant, votre Divinité et revendiquer l'aide que nous sommes prêts à vous accorder. Avez-vous oublié la citation qui dit : « Demande et l'on te donnera. » ? Elle est le début de toute action et de son prolongement dans la création. Vous avez déjà dans vos mains tous les outils pour accomplir l'œuvre que vous êtes destinés à parachever. Nous avons besoin de vous tous, sûrs de ce que vous représentez, animés par une foi et une confiance inébranlables, prêts à passer pardessus toutes les barrières que l'on voudra planter sur votre chemin. Nous avons besoin que vous réveilliez le plus grand nombre possible de Travailleurs de la Lumière, comme « le personnel au sol » dont parlait notre Frère Ashtar. Votre œuvre est grande, mes enfants, en avez-vous conscience ? Avez-vous acquis la certitude que votre Divinité est unique, irremplaçable ? En étant autant d'éléments différents parsemés sur toute la surface de votre planète, vous pouvez établir des ramifications entre vous, construire des écheveaux à travers lesquels vous allez laisser passer la Lumière et l'Amour qui vous animent. Essayez, d'une quelconque manière que ce soit, de rentrer en communication avec ceux qui œuvrent comme vous, sur d'autres continents, dans d'autres lieux de votre résidence. Essayez par la pensée de créer une aura dorée dans laquelle votre planète Terre va pouvoir baigner, afin de l'aider avec ces très hautes énergies à passer les caps très difficiles qu'elle expérimente en même temps que vous.

Vous avez besoin de vous installer définitivement dans la foi de ce que vous représentez et celle de votre appartenance à la Source Divine de Toute Chose. La connexion ainsi établie va nous permettre de vous aider en permanence pour que plus rien ne vous barre la route vers l'éclosion ultime de votre grandeur. Moi, la Mère de vous tous, je vous serre très fort contre mon cœur. Et je vous permets, à chaque fois que vous le désirez, de venir vous blottir tout contre moi, quand vous avez besoin d'être consolés, d'êtres rassurés ou de sentir l'Amour et la chaleur protecteurs d'une mère pour ses enfants. Voulez-vous accepter de recevoir cet Amour qui vibre en moi pour chacun d'entre vous ? Si vous le désirez, je puis vous aider à devenir l'Être sublime de la réalité dans laquelle je vous vois, œuvrant à travers les différents potentiels de votre multidimensionnalité. Adressez-vous à moi quand la tristesse s'empare de vous. Demandez-moi de vous aider quand la compassion ne peut s'exprimer dans votre cœur. Je suis là pour vous soutenir, vous recentrer et vous donner l'élan pour repartir sur le chemin de Lumière déjà tracé.

De notre coté du voile nous préparons activement la fête pour votre retour parmi nous. Vous en avez maintenant conscience, d'ici très peu de temps vous serez des millions à venir nous rejoindre. Vous allez bénéficier d'expérimenter ce qu'a connu mon fils dans votre dimension. Vous allez donc montrer aux incrédules comment il a fait pour ascensionner et faire passer son corps unifié dans une octave supérieure. Vous allez pouvoir faire cela à la vue de tous. Il vous suffit d'en avoir conscience, de le désirer ardemment et de faire le premier pas afin que nous sachions que vous êtes prêts à reprendre le Manteau lumineux que mon Enfant vous a déjà offert. Si vous pouviez sonder nos cœurs et connaître notre impatience, puisque nous la ressentons nous aussi, vous sauriez à quel point notre joie est indicible quand nous vous voyons vous lever, vous proclamer en tant que Divinité et vous ranger avec ceux qui sont partis devant, pour vous ouvrir la route et vous montrer la Lumière. Nous sommes fiers de vous voir vivre des instants de parfaite communion avec la Hiérarchie que nous représentons. Je puis vous affirmer que notre Grand Créateur à tous est aussi honoré de tout ce que vous Lui avez permis de faire par votre intermédiaire. Votre rythme des réincarnations touche à sa fin, mes enfants, et d'ici peu, vous allez revenir baigner dans la Lumière sereine de votre Père Divin. Nous vous attendons les bras grands ouverts et nos cœurs palpitent de la joie intense de ces retrouvailles. Soyez bénis, enfants précieux de la Terre. Continuez à devenir ce que vous êtes pour l'ÊTRE enfin totalement.

Je dépose sur vous mille pétales de roses rouges qui symbolisent notre Alliance éternelle et fraternelle. Je joins mes énergies à celles de mon Fils Sananda pour vous entourer de notre Lumière dorée, celle que vous allez offrir à votre planète en pleine Ascension.

Je vous bénis de tout l'Amour que j'ai pour vous. »

Marie

CHAPITRE 7

L'OFFRANDE DE L'AMOUR

Me voici de nouveau à tes cotés, toi l'Ange en grande expérience de la Vie. Ces quelques chapitres t'ont sans doute mis sur le chemin de la Vérité, celle que ton cœur connaît parfaitement. Tu dois avoir en toi la source d'une inspiration permanente de Tout ce qui Est. Tu peux sans doute comprendre de mieux en mieux les rouages dans lesquels tu évolues, mais peut-être faut-il que nous revenions sur certains aspects.

Ta capacité de compréhension demande à ce que nous redisions sans cesse certains mots pour qu'ils entrent en résonance avec chacune de tes cellules. Rappelle-toi, elles contiennent toutes un cristal qui est à même d'enregistrer tout ce dont tu as besoin et de t'informer en permanence sur la signification des différents stimuli que tu reconnais ou que tu interprètes, par rapport à des actions déjà vécues ou à des paroles déjà entendues. Tu es ainsi capable de mettre en œuvre tout ton savoir, afin de continuer à jouir de la vie en parfaite conscience. Pourtant, tu ressens parfois des coupures ou des distorsions dans ta Reliance avec le Tout, où tu te perçois désuni d'avec la Totalité. Souviens-toi, tu risques sentir cela lorsque tu passes trop de temps hors de ta coque sécurisante, qui n'est autre que l'étreinte de Mon Père le Créateur. Tu choisis, alors, de te morfondre et de te plaindre de cet état de mélancolie où tout et tout le monde t'abandonne délibérément, mais il n'en est rien, maintenant tu le sais parfaitement, ou bien tu reconnais ces signaux de détresse de ta Divine création et tu te relis instantanément à la Source de Toute Chose, afin de réaligner chacune de tes expressions multidimensionnelles.

Il est peut-être temps de te suggérer une autre manière de combler les vides que tu perçois. Je te propose de te donner de l'Amour. Mais cette fois-ci, je ne le ferais pas moi-même, car tu vas aller chercher à l'intérieur de toi l'Amour que tu possèdes déjà et le mettre en mouvement pour combler ce manque existentiel. Voilà vraiment un sujet qui préoccupe toujours beaucoup d'entre vous. Comment aller chercher à l'intérieur de soi ce que l'on a besoin ? Maintes fois nous avons dit que vous avez en vous le plus beau des trésors qui puisse être : la Connaissance Universelle. Je vais, en conséquence, te donner quelques conseils pour avoir accès à cette mémoire.

Assieds-toi convenablement et respire en conscience quelques instants. Maintenant, suis le désir que tu as : celui de te recentrer, celui d'avoir accès à la merveilleuse encyclopédie de la connaissance, de la compréhension du Tout, par exemple. Poses-toi la question du sujet que tu désires développer. Sollicite ensuite ta Supra Conscience de se connecter avec ton Être Divin (le Soi multiple). Maintenant que tu as fais le silence, formule ta demande et laisse « descendre » en toi la réponse sous forme d'intuition immédiate, d'étincelle de compréhension, comme tu le sentiras. Je puis t'assurer qu'en mettant toute ta confiance dans le geste que tu accomplis, tu recevras la réponse immédiatement, quels que soient les doutes que tu puisses avoir. Veux-tu que nous fassions ensemble cette expérience ?

Je te propose de demander à ta Supra Conscience qu'elle te révèle le Nom que tu possèdes dans une autre dimension, ou un de tes rôles si tu connais déjà ton identité. Es-tu prêt pour cela ?

Alors, allons-y ! Ferme les yeux. Relies-toi avec tes divinités multidimensionnelles, avec la Source de Toute Chose, centre-toi parfaitement. Fais maintenant le silence quelques instants. Formule ta question à voix haute si tu le peux, pour en imprégner ton aura. Fais encore le silence et ensuite écoute. La première parole que tu entends est la réponse exacte à ta demande de renseignement. Tu peux penser que ce nom (ou fonction) est un peu bizarre ou farfelu ou qu'il colle parfaitement au personnage que tu représentes, mais « cela est » seulement. Cet exercice peut s'avérer très utile quand, par exemple, tu souffres d'un mal-être dont tu ne connais pas l'origine et que tu aimerais guérir. Fais en sorte de recommencer de la même manière ce petit exercice de connexion et soit assuré du résultat positif.

Il n'est pas difficile de reconnaître que ceci peut te faire accéder à tout ce dont tu as besoin, mais pour cela il va falloir passer un accord avec toi-même et t'interdire tout manque de confiance. C'est avec une foi absolue que tu dois interroger ta Supra Conscience. C'est avec fermeté que tu vas poser tes questions, et avec humilité recevoir tes réponses. Cela exige enfin une grande dose d'Amour car, sans celui-ci, le moteur de la Connaissance ne peut fonctionner. L'Amour est le propulseur de tout ce qui existe, tu le sais, et il anime chaque force en toute chose. Il permet tout simplement la Vie. Il TE permet d'être ce que Tu Es à travers Celui que t'offre le Père Créateur. Sans l'Amour, rien ni personne n'a de vie possible. Bien sûr, autour de toi tu vois maintes manifestations de non-amour, par la violence gratuite ou inconsidérée de la guerre, des affrontements de toutes sortes, les abus de pouvoirs quels qu'ils soient. Tu connais cela dans tous les Règnes de l'existence. Il est parfois aussi cruel pour toi de voir un lion dévorer sous tes yeux une jolie antilope que de voir un homme frapper un autre être de la Création. Tout cela fait partie de ce que tu dois savoir pour réaliser et créer consciemment un Nouveau Monde - rempli de cet Amour indispensable.

Crois-tu que nous pouvons le construire à ta place ? Ce n'est pas notre devoir. Nous te permettons de voir ce qui existe pour que tu puisses recréer à ta façon ce qui ne te convient plus. Regarde comme tu as changé depuis si peu de temps ! Avant, tu étais tout à fait capable de soutenir du regard des images cruelles, celles que l'on te montre quand tu dégustes ton repas, par exemple. Maintenant, je sais que tu as choisi de ne plus les contempler et que tu préfères être créatif du Monde que tu veux habiter actuellement et dans ton futur immédiat. Tu sais au fond de ton cœur quel est ton devoir, ton précieux rôle au sein de cet Univers parfait. Nous sommes si heureux de voir combien tu as pris conscience de ce qui t'entoure. Nous savons que tu as compris quelles sont les vraies valeurs qui doivent voir le jour et celles qui sont désuètes.

As-tu assimilé quel pouvoir tu possèdes quand tu interpelles ton cœur ou ta Supra Conscience pour obtenir ce dont tu as besoin ? Tu sais que tu peux, par exemple, déjà refermer ce livre parce qu'il ne t'est plus nécessaire, tu as tout en toi. Mais je serai un peu peiné que tu ne me tiennes pas compagnie plus longtemps. Pourtant, c'est la réalité. De la même façon, tu peux retrouver toute la mémoire de *Qui Tu Es* et la mettre au service de *Celui Qui Est*.

Vois-tu pourquoi, nous tenions tant à t'enseigner *Qui tu es* ? Maintenant que chaque jour affine un peu plus ta compréhension du Tout, tu vas être capable de voler de tes propres ailes. Quel défi pour l'Ange que tu es ! Dorénavant, accepte une idée que l'on te propose en la faisant passer à travers le tamis de ton discernement. Prends-la pour tienne si elle correspond exactement à ce que tu es, ou bien rejette-la. Il est devenu très facile pour toi de reconnaître quelle est la Vérité ou de faire la part des choses avec les idées déjà toutes faites que l'on t'a demandé de prendre pour argent comptant.

Je te le répète, tu as TOUT ce dont tu as besoin en toi. Ton cœur connaît ton histoire même si elle remonte à la nuit des temps. Tu as accès à ce que tu nommes la mémoire Akashique quand tu le désires, il te suffit de procéder comme nous l'avons fait tout à l'heure. Mais rappelle-toi toujours que si tu mets cela au service des autres, tu devras le faire avec justesse, respect et le plus pur Amour. Tout ce qui est véhiculé avec l'Amour du Grand Tout sera de pure Lumière.

Recherche présentement tout ce que tu désires pour commencer la construction de l'Empire de Cristal qui abritera l'humanité réveillée. Tu as une grande responsabilité et tu le sais. Puisque tu connais *Qui tu es*, comment tu te nommes, crée maintenant le Monde qui doit accueillir le retour des Grands Êtres Ascensionnés et celui des Enfants des étoiles qui sont déjà parsemés sur vos continents.

Je veille sur toi avec ce plus pur Amour qui guide tes pas. Je t'aime d'un sentiment ardent, joyeux, admiratif et empreint de sérénité car je sais que je peux enfin te faire totalement confiance.

Tu ES devenu celui qui sera le Grand Maître de demain.

Va dans la joie et l'Amour du Père/Mère, et CRÉE !

Qu'il en soit ainsi !

Chapitre 8

Pour que règne l'ordre Divin

La Majesté de votre Divinité éclaire mon regard et je sens germer en chacun de vous l'intérêt croissant de se reconnaître parfaitement achevé dans le processus de votre reconnexion Divine. Vous développez de plus en plus des sensations qui vous mettent en alerte, qui vous font découvrir des images d'une autre couleur, sentir des Présences inconnues auparavant, et surtout, reprendre possession de la totale connexion d'avec vos Guides éternels. Il ne peut pas en être autrement puisque vous progressez très rapidement sur le chemin de la Réalisation. Nous désirons, aujourd'hui, vous entretenir d'un sujet qui nous touche profondément. Il s'agit de l'usage que vous faites de votre merveilleuse machine humaine. Pour cela, notre très dévoué Archange Uriel va prendre la parole à mes cotés. Laissez-vous maintenant vous imprégner de sa Divine Présence Archangélique.

« Mes chers Amis et Frères de toujours.

Je suis ému de participer à l'ouvrage que vous tenez dans vos mains. C'est un honneur pour moi de pouvoir, par ce biais-là, vous entretenir d'un sujet qui est de plus en plus d'actualité sur la planète bleue.

Vous avez, comme véhicule de votre âme, la chance de posséder un corps physique entouré de corps subtils non perceptibles encore à vos yeux. Ce réceptacle fait l'objet de mille transactions et, parfois, est extrêmement détérioré. Pourtant, il est le support de votre Divinité et vous devez commencer à prendre conscience du joyau de perfection que vous possédez. Beaucoup d'entre vous ignorent son fonctionnement et souvent vous faites appel à ceux que vous nommez « homme médecine » pour réparer tant bien que mal les dommages occasionnés par votre manque d'attention. Depuis quelque temps, nous avons vu fleurir une nouvelle compréhension de la Vie et l'intérêt croissant en d'autres médecines nous réjouit complètement. Je crois qu'il est maintenant nécessaire que vous abordiez autrement votre façon de considérer la santé.

La Vie qui coule dans vos veines est de nature Divine, vous le savez. Mais alors, pourquoi confier le traitement d'un mal être à la chimie qui est une science contre nature ? Vous croyez avoir fait de gros progrès en intervenant au niveau de ce que vous nommez virus, bactéries et autres fléaux extérieurs à votre compréhension. Vous traitez cela par l'apport d'antibiotiques à très fortes doses ou par l'ingestion de médicaments contraignant votre corps à s'habituer à ces substances totalement étrangères à la Vie. Il en résulte un affaiblissement de votre potentiel de guérison et vous devenez de plus en plus vulnérables. Mais cela ne s'arrête pas là. Car en plus, vous subissez depuis votre plus jeune âge une autre sorte d'automutilation provoquée par des vaccinations intolérables. Pourquoi injecter la maladie dans un corps sain ? On vous fait croire que c'est pour son bien et qu'il sera capable de répondre à un stimulus s'il rencontre ce virus sur son chemin. Combien de

« chance » avez-vous de contracter la typhoïde par exemple ? Ne croyez-vous pas qu'il est tant de reprendre votre liberté de mouvement maintenant ?

Vous découvrez de plus en plus certaines supercheries vous faisant croire qu'il n'existe malheureusement pas de traitement pour telle ou telle affection et qu'il faut que vous donniez de l'argent pour la recherche ou pour une association quelconque. Et si je vous dis que les remèdes existent toujours avant que la maladie n'arrive. Ne serait-il donc pas plus sage de commencer à vous intéresser comment font les orientaux, par exemple, pour se soigner. Ils préviennent au lieu de traiter. Peut-être est-ce une idée à prendre en compte.

Certains connaissent le processus de transmission de la maladie. Schématiquement, elle doit d'abord traverser tous vos corps subtils avant de pénétrer le corps physique. Alors, comment est-ce possible que vous ne la sentiez pas arriver ? Parce que vous n'êtes pas attentif aux cris désespérés que votre corps essaie de vous faire parvenir.

Heureusement vous commencez aussi à vous apercevoir qu'il existe d'autres moyens de traiter certains mal-êtres, tant psychologiques que physiques. Vous avez alors recours aux médecines traditionnelles, parallèles, douces ou naturelles. Il est bien de vous orienter vers ces nouvelles formules car à ce moment-là, vous commencer à intervenir vous-même sur vos divers maux.

Vous avez le choix de définir de quelle façon vous voulez guérir. N'est-ce pas bien plus merveilleux que d'ingurgiter des tonnes de compositions chimiques, sans obtenir de résultats satisfaisants et durables ? Alors, commencez par écouter les signaux de votre corps. Quelques ouvrages sont maintenant à votre disposition pour décrypter ces symboles et vous permettre de comprendre pourquoi telle affection est venue délibérément se loger dans votre épaule droite et, pas ailleurs, pourquoi il y a dix ans que vous souffrez de migraines et qu'aucun traitement n'a pu en venir à bout. Comprendre ces appels au secours vous permettra de toute façon de mieux vous connaître et par extension de compatir avec ceux qui vous accompagnent et qui souffrent aussi. Vous avez en outre la possibilité de remettre votre santé dans les mains de ceux qui pratiquent la médecine orientale avec tout l'outillage dont ils disposent : les mains, les aiguilles, les pommades…

Puis, vous pouvez continuer par la découverte des médecines naturelles, celles qui ne demandent que peu d'interventions traumatisantes. Elles vont agir par l'intermédiaire de la douceur d'un massage, l'apposition des mains d'un magnétiseur, l'application d'une couleur choisie pour soulager, le chant d'une voix ou d'un instrument pour faire vibrer la cellule malade sur sa note primordiale. Les petits granulés - homéopathie - que vous ingérez par dose sont à peu près identiques dans leurs démarches car ils prennent en compte la vibration cellulaire pour entrer en résonance avec elle, et lui apporter ainsi une réponse adéquate à sa propre faiblesse. Peut-être aussi que vous choisirez de faire appel à vos Maîtres Cristaux pour vous aider à soulager et même guérir certaines pathologies. Vous savez pertinemment que certains médecins n'hésitent plus à confier leurs patients réfractaires aux bons soins d'un naturopathe.

Et si l'on commençait par le début ! C'est-à-dire par éviter que la maladie ou le mal-être ne s'installe. Pour cela, il serait bien de vous pencher un peu plus sur le fonctionnement de votre corps physique. Je ne vous demande pas de réviser vos planches anatomiques mais juste de vous mettre à l'écoute du message qu'il vous donne. Puisque vous avez compris que la plupart de vos disfonctionnements proviennent de votre psyché, pourquoi ne pas commencer par-là et retrouver une santé mentale hors de toute atteinte ? Je vous donnerai, comme exemple, d'expérimenter la joie lors de vos journées. Ceci semble facile à dire, mais peut-être plus compliqué à faire. Pourtant, mon Ami et très Vénéré Sananda vous a déjà parlé de la pensée créatrice de toute chose, alors il serait temps de la mettre en œuvre. Ne trouvez-vous pas cette phrase jolie : « Je Suis la Joie » ? Il suffit juste de penser, de le dire à haute voix si vous le désirez pour que l'information s'imprègne à l'intérieur de votre corps, puisque votre psyché n'est pas désolidarisée de votre corps.

Mais il existe encore maintes et maintes façons de progresser dans la guérison ou mieux, la prévention de vos maladies. Vous avez le choix de vous intéresser à la nature et de découvrir les vertus médicinales des plantes. Vous les avez utilisées pour en faire des huiles, des gouttes à base de fleurs extraordinaires. Mais recherchez toujours la simplicité et l'authenticité dans tous ces mélanges, afin qu'ils ne se transforment pas en apprentissage sorcier. Vous pouvez aussi confier votre corps aux mains expertes d'un masseur ou encore vous laisser bercer par les mots agréables d'une personne qui saura vous mettre dans des états de détente très appréciable. La liste est longue, ma foi, de tout ce que vous pouvez utiliser à la place de la terrible machination matérielle qu'est votre « insécurité sociale ».

Et si vous décidiez plutôt de ne plus donner la chance à la maladie ou au mal-être de pénétrer votre corps et vos êtres subtils ? Il est tout à fait aisé de faire cela en parfaite conscience. Bien sûr en travaillant sur la pensée positive, comme tout à l'heure, mais aussi en pensant définitivement que vous êtes hors d'atteinte de tout ce qui peut perturber votre bon fonctionnement et votre équilibre vibratoire. Voilà enfin quelque chose d'extrêmement simpliste. Alors, pourquoi ne pas y avoir pensé plus tôt ? Certainement que jusqu'à présent vous étiez dans « l'obligation » de vous soumettre aux lois terrestres, mais ceci est désormais terminé. Reprenant conscience de ce *Que vous êtes* et de ce que vous représentez, vous avez le choix et la permission totale de refuser de servir de cobaye à votre société matérielle de consommation exagérée.

Vous n'avez sans doute pas oublié que vous êtes comme moi, un Être à part entière, faisant partie de la Divinité Suprême, de la Hiérarchie des Hiérarchies, de la Fraternité Blanche. Alors, il est plus que temps de vous comporter comme tel. Mais, bien évidemment, vous avez encore le choix de vous complaire dans vos bobos et de trouver très agréable de vous faire choyer. Pourtant, l'Amour de mon Grand Frère est autrement plus doux lorsque l'on a besoin de réconfort, n'est-ce pas ?

Je voulais ainsi, juste attirer votre attention sur le discernement face à la démesure dont vous êtes tributaires. Les mafias, quelles qu'elles soient, n'ont plus à avoir d'impact sur votre très Grande Personnalité. Tournez-vous maintenant vers le choix délibéré de vous prendre totalement en charge et de faire tout ce qui est en votre POUVOIR pour accéder à une hygiène de vie naturelle et garder ainsi votre potentiel de santé intact. Ne vous laissez plus abuser par des marchands de rêves chimiques, mais sachez reconnaître dans les personnes que vous rencontrez la grandeur des âmes qui vous côtoient. Votre corps est le plus beau Cadeau que le

Grand Créateur de Toute Chose vous a offert. Prenez grand soin de lui puisque vous allez nous rejoindre d'ici peu avec cette même enveloppe. Mais ceci vous a déjà été dit, n'est-ce pas ?

Je me permets de vous saluer en vous offrant une poignée de main fraternelle et en vous disant combien je suis fier de vous avoir rencontré par l'intermédiaire de ces quelques lignes. Mon Amour bienveillant se dépose sur chacun de vous en signe de votre appartenance à notre très Grande Hiérarchie. Notre Seigneur et Maître vous protège dans la joie d'être ce *Que vous êtes*.

Bienvenue à la Maison ! »

Archange Uriel

Chapitre 9

Une Histoire d'Amour

Mes chers enfants, je vous retrouve avec joie. Ce sont des moments d'intenses communions que vous m'accordez, par l'intermédiaire de votre lecture. Grâce à vous, je peux diriger mon Amour pur et incandescent de vie. Je puis vous l'offrir puisqu'en lisant ces quelques pages vous vous laissez aller dans mes bras, confortablement assis ou couchés, afin que je vous adombre de cet Amour parfait qui anime mon cœur. Aujourd'hui, c'est un duo qui se prépare pour vous. Je vais prendre part à ce chapitre et quelqu'un qui ne craint pas de parler d'Amour va se joindre à moi, pour qu'à l'unisson nous vous fassions partager ce que l'on ressent, ici, dans notre Bulle Dorée de la Création.

Le Personnage qui est avec moi vous est inconnu pour le moment. Bien qu'il représente un Haut Dignitaire de notre Hiérarchie, c'est sous l'apparence de quelqu'un d'autre qu'il va intervenir auprès de vous, pour la plus grande joie de l'Amie Eternelle qui me canalise. Il s'agit de sa « Flamme Jumelle ». Rappelez-vous que j'ai parlé de ce sujet lors de notre rencontre dans le premier tome. Je vous disais que certains d'entre vous auraient peut-être la chance de connaître leur moitié de fruit dans cette vie. Et, au contraire, d'autres en feraient la rencontre par différents intermédiaires. Je puis vous assurer que ceci est tout à fait possible quand la Confiance, la Foi et l'Amour animent votre cœur, comme le mien.

Je laisse ainsi la Flamme Jumelle de ma tendre Amie vous transcrire le message qu'il a pour vous.

« Mes salutations joyeuses.

Lors de ma venue, dans la dernière incarnation que j'ai connue sur cette terre, je me suis présenté sous l'aspect d'un jeune homme impétueux, mordant la vie à pleines dents et bravant les interdits, comme si je sentais que mon passage ici-bas serait court et déterminant. J'ai rencontré ma Jumelle « fortuitement » devant sa propre maison et tout le reste ne regarde que nous, n'est-ce pas ? Pourtant, je voudrais vous faire partager bien des impressions et des idées qui pourront vous aider à comprendre ce qu'est l'Amour dont notre Grand Frère vous parle et comment vous vous devez de l'expérimenter sans cesse pour être dans l'axe de toute vérité.

J'ai donc choisi de venir passer quelques années sur Terre afin de « réveiller » ma partenaire de travail. Mon décès a été pour elle le propulseur dont elle avait besoin pour s'intéresser à ce qui pouvait bien exister ailleurs. C'est avec la souffrance et le déchirement qu'elle a commencé à comprendre que les larmes n'avaient pas la valeur qu'on leur donne, mais qu'elles servent souvent à se placer en situation de victime. Mes mots sont difficiles, mais il faut reconnaître dès maintenant que trop longtemps on a entouré le deuil et la perte d'un être cher d'obscurité, de noirceur, de douleur. Et ce n'est pas vous qui me direz le contraire en entendant les mots contenus dans une messe d'obsèques.

Pourquoi tant de cris, de peine ? Je suis certain que vous avez entendu parler d'autres ethnies que la vôtre qui portent leurs défunts dans la joie, entourés de musique, vers leurs dernières demeures. Ces personnes, que vous qualifiez parfois de primitives, ont compris qu'elles peuvent partager le bonheur de celles qui passent derrière le voile et qui ont l'immense privilège de rencontrer à nouveau la Lumière et la Réalité. Cet acte d'Amour est la preuve que vous pouvez, vous aussi, reconsidérer la façon dont vous vivez un deuil. Mais ceci est laissé à votre entière appréciation. Le seul indice que je voudrais vous soumettre est celui-ci : si vous avez parfaitement conscience du cycle de vos renaissances, que dire du fait que vous veniez vous recueillir sur la tombe d'une personne disparue depuis quelques années ? N'est-ce pas la petite fille que vous tenez par la main qui est peut-être sa réincarnation ? Réfléchissez-y et demandez-vous à quoi servent certains rituels, si ce n'est pour être en bon terme avec parents, amis ou connaissances ?...

Mais parlons plutôt d'Amour, le moteur de la Vie.

Qui suis-je ? La moitié de ma Moitié, l'autre fragment de celle qui écrit ce message. Sommes-nous semblables totalement ou avons-nous quelques différences ? Tant de questions soulevées sur ce sujet qui demanderaient des heures d'explications. Puisque vous connaissez un peu le phénomène de la multidimensionnalité, je peux vous en parler. Nous sommes jumeaux, c'est vrai, mais ceci remonte directement en haut de l'échelle de notre Divinité. Nous nous sommes fragmentés juste au dehors de la Bulle Dorée de Notre Grand Créateur. Par la suite, chacun de nous a suivi son chemin de façon à donner la meilleure possibilité au Grand Tout d'expérimenter à travers notre Divinité tout ce dont Il avait besoin et ainsi édifier tout ce qui fait Son œuvre. Malgré la multitude de nos identités dimensionnelles, nous restons en contact permanent l'un avec l'autre. Je ne suis pas elle, mais je le suis tout de même un peu. Comme votre pensée tridimensionnelle influence chaque partie de votre Divinité multidimensionnelle, mes pensées influent les siennes et vice versa. On comparera cela à un fil doré qui nous relie en permanence, quel que soit l'endroit où nous nous trouvons, quel que soit le chemin de Vie que nous expérimentons. Voilà pourquoi je suis toujours en connexion avec ma Jumelle, par l'intermédiaire de notre fil doré, même si je me trouve à des milliards d'années lumières d'elle.

Notre Amour, sur la planète Terre, a été difficile à vivre car nous avions oublié cette correspondance interdimensionnelle et on ne comprenait pas vraiment pourquoi on s'aimait autant. Cependant, nous avons tout de même expérimenté la passion, ne sachant pas comment faire pour braver les difficultés mises sur le chemin de notre rencontre. Nous avons vécu « à cent à l'heure » quelques mois de bonheur partagé, sans pour autant voir se profiler un futur clair à nos yeux. C'était normal puisque cet avenir ne faisait pas partie du contrat prévu. Lors de mon départ, la douleur qu'elle ressentait déchirait aussi mon cœur, car il m'était difficile de lui faire parvenir un message concret de ma présence à ses cotés. Pourtant, je savais, et de façon sûre, que ma place était ailleurs, puisque, instantanément, je retrouvai toute ma Famille Galactique, la Maison du Père et ce que Je Suis dans de nombreuses identités. Devant poursuivre ma route, je me suis « absenté » de sa vie. Mais avant, elle m'a rejoint au cours d'un voyage astral. Cette fois-là, j'ai revêtu mon enveloppe terrestre pour la prendre dans mes bras et lui dire combien je l'aimais, lui expliquant que je devais partir, mais qu'il ne fallait pas qu'elle veuille me rejoindre, car son chemin de vie terrestre était loin d'être fini. Je lui ai demandé pardon de l'avoir quitté, alors que nous avions enfin décidés de vivre ensemble contre vents et marées, mais il fallait que cela soit comme ça. Les années ont passé et je n'ai jamais coupé le lien qui nous relie, même si dans sa pensée j'étais loin, loin, dans un ailleurs inconnu. Mais mon Amour n'a jamais cessé de l'entourer.

En 2002, j'ai enfin pu reprendre contact avec elle puisqu'il fallait que son réveil se fasse très rapidement. Et c'est avec une immense joie que je continue à lui parler de ce qui fait sa vie dans les autres sphères, de ses souvenirs oubliés d'incarnations passées sur Terre ou ailleurs. Mais que suis-je ? Je ne suis plus le garçon plein de vie qu'elle a connu, Je Suis simplement comme tout être qui se trouve relié à la Source de Toute Chose. J'accomplis, en parfaite aisance, tout ce que nous avons l'habitude de perpétrer pour que le Plan se réalise avec perfection. Je suis un Créateur au même titre que beaucoup d'entre vous. Je fais aussi partie de la Flotte Galactique quand je revêts mes habits argentés, mais je suis aussi le Sage qui apprend aux hommes comment se comporter pour atteindre des niveaux de conscience élevés. Je Suis. Je Suis l'Amour Inconditionnel. Je vous aime aussi, car je sais reconnaître en vous l'Etincelle de la Divinité incarnée.

Mais reparlons d'Amour. Que faites-vous pour que l'Amour soit le leitmotiv de vos journées ? Pouvez-vous aimer chacun des frères que vous rencontrez sur la route, chacun des voisins qui dérangent votre quotidien, chaque personne de votre famille d'accueil ou de celle de votre conjoint ? Vous est-il possible de comprendre combien l'Amour est important, pour votre bien-être bien sûr, mais aussi pour la splendeur des fréquences que vous déployez autour de vous ? L'Amour est le moteur de la Vie. Il est la matière première dont nous nous servons pour construire la beauté indicible des Créations du Père/Mère, Dieu/Déesse de toute Eternité. C'est grâce à l'Amour que nous sommes tous main dans la main, qui que nous soyons, qui que nous représentions pour accomplir l'Oeuvre du Grand Tout. C'est avec cet Amour que je vous demande de prendre part activement à la Paix sur la Terre. Quand notre Grand Frère vous a demandé de créer des groupes de même intention, c'était pour véhiculer cet Amour en vous et tout autour de vous, afin que s'accomplisse ce qui doit être. Embrasez la Terre de votre Amour ! Entourez l'humanité entière de votre Amour ! Aimez chaque animal, chaque pierre, chaque plante afin que cet Amour devienne ce qu'il doit être : INCONDITIONEL !

De cette manière, vous ne craindrez plus de perdre un être cher, puisque vous l'aurez porté toute sa vie avec l'Amour comme unique offrande. Vous ne craindrez plus de passer derrière le voilage de l'oubli car vous retrouverez avec aisance votre Domaine de toute Eternité. Vous ne craindrez plus de vous tromper de route puisque vous serez portés par les ailes de l'Amour, comme nous le sommes tous.

Ma partenaire se tient au creux de mon cœur même si je suis à cent lieux de sa propre vie. Mon Amour pour elle vibre intensément et chaque seconde de votre temps la ramène vers moi. Et c'est avec l'Amour le plus pur que je lui tends les mains afin de l'aider à porter sa vie tridimensionnelle en soulevant, de temps en temps, le voile de sa compréhension.

Vous aussi reconnaissez, avec vous ou autour de vous, celui ou celle qui est votre Jumeau. Et si vous n'arrivez pas à le retrouver, demandez à ce qu'il se manifeste d'une manière ou d'une autre. Je me chargerai personnellement de répondre à votre vœu pour que vous puissiez faire, à votre tour, l'expérience de l'Amour vrai. Mais, bien sûr, il est si peu de chose comparé à Celui de Notre Père à tous. Nous ne pourrons jamais égaler Sa force et la profondeur de ce qu'Il ressent pour chacun de vous. Puissiez-vous, un jour, baigner dans la plénitude de cette rencontre.

Je dépose ma main sur votre cœur afin que l'Amour s'y installe à jamais et qu'il soit pour vous le plus beau des cadeaux. Vous le méritez !

A toi, ma Jumelle, je te confie ceux qui sont encore autour de toi afin que tu leur rappelles leur appartenance à la Totalité dont nous faisons tous partie. Je réserve pour ton retour une rose rouge pour te l'offrir en signe de notre Amour éternel, et de la Vie.

Que chacun de tes pas soient légers afin qu'ils t'amènent doucement vers la dernière porte à franchir ! Nous t'attendons tous pour te serrer dans nos bras. Mais je désire que tu me réserves la primeur de t'embrasser tendrement. Va en paix, ma Douceur et rayonne notre Amour. »

Est-il nécessaire d'ajouter quelque chose ?

Je ne le crois pas, car ce sont les mêmes mots que je serais tenter de vous redire. Sachez seulement que l'Amour n'est pas encore un mot suffisamment fort pour vous transmettre ce que nous ressentons pour chacun de vous. Et je suis honoré de vous prendre dans mes bras pour vous soutenir le long de votre parcours.

Pensez à aimer et aimez sans penser.

Adonaï

Chapitre 10

L'Amour et la Vie

Serez-vous fâchés si je vous reparle encore d'Amour ?

Qu'en penses-tu, toi, mon enfant qui lit ce livre bien tranquillement ? Considères-tu que l'Amour est celui que tu as pour ton compagnon de vie, ton ami, ton chat, tes parents ? Ou existe-t-il un Amour plus insondable, plus beau, parfait, presque inaccessible ? Penses-tu qu'il soit suffisant d'aimer à ta façon pour que tout soit irréprochable et que le monde tourne bien ? Ou as-tu conscience que tu ne peux vraiment exprimer ce que tu ressens, et que parfois tu te trouves face à des situations qui te dépassent ? Tant de questions qui ne te donnent pas toujours la possibilité d'exprimer la justesse de tes ressentis. Veux-tu que nous en parlions ensemble, toi et moi ? Alors soit prêt à recevoir une dose d'Amour comme rarement cela t'est arrivé.

Nous commencerons juste par définir ce qu'est l'amour. Dans votre dictionnaire il s'agit de : élan, douceur, attachement, passion ; sentiment passionné ou élan physique ou sentimental entre deux personnes. Est-ce que cela correspond parfaitement à l'idée que tu t'en fais ? Puis-je maintenant suggérer la mienne ? L'Amour est la suprématie rayonnante de la Totalité extériorisée dans le simple fait d'être. Ma définition te semble vague, sans doute, mais essaie de la comprendre tout de même. Je suis certain que tu te rappelles très bien de ta Reliance avec la Source de Toute Chose et que tu as sûrement intégré le fait de faire partie de Celle-ci. Alors, pose ton livre et commence par ressentir cela un moment. Fais-le !

Maintenant, revenons à toi, à moi, à tout ce qui nous entoure. Tu appréhendes de mieux en mieux *Qui tu es* et tu essaies le plus parfaitement possible de faire partie de ce Tout et d'être digne de ce que tu représentes. Malgré cela, tu restes indifférent à ce qui arrive à ton voisin. Après tout ce sont ses affaires et pas les tiennes. Tu n'arrives pas vraiment à te sentir concerné par le devenir de la Terre ? Tu essaies bien d'être un écocitoyen, mais tu jettes tout de même ton chewing-gum par la fenêtre de ta voiture, personne n'est parfait, pas vrai ? Tu imagines difficilement que « les choses » puissent, à coup sûr changer, on vit une drôle d'époque. Et tu te surprends à passer plusieurs jours sans méditer, sans avoir une pensée pour ta Terre nourricière, pour tout ce qui t'entoure. Mais, même si c'est l'hiver et que la nature est endormie, elle contient en son cœur la braise du printemps et attends juste le bon moment pour te présenter sa première fleur. Pour qui d'autre crois-tu qu'elle la réserve ? Elle exprime alors l'Amour qu'elle recèle dans son âme, et brandit fièrement sa première naissance pour te faire ressentir son Amour, pour toi, pour l'humanité entière, pour tout ce dont elle dépend. Que fait donc ton chewing-gum au milieu de l'herbe verte ? L'aides-tu à devenir ce magnifique Personnage alors qu'elle essaie de sortir de sa coquille, après de longues années de lutte pour survivre ? Lui envoies-tu cet Amour qu'elle attend de toi ? Peut-être le fais-tu, mais peut-être pas encore. Voilà à quoi ressemble une partie de l'Amour que tu portes en toi et qui est disponible aussi pour ton voisin, pour l'ami qui frappe à ta porte, ou l'inconnu qui te demande une pièce. Tant pis s'il la garde pour boire un verre, cela ne te concerne plus pour le moment, mais offre.

L'offrande est le don matérialisé de celui que tu représentes et tu es venu en ce monde pour offrir ta Divinité à l'accomplissement de ce qui doit être. Crois-tu que nous puissions nous passer de toi ? Après tout, ne dis-tu pas que tu n'es qu'un grain de sable dans tout l'Univers ? Non, mon enfant, ta vie est précieuse et tu es une étincelle qui illumine celle des autres.

La compassion est la deuxième vertu que tu vas essayer de mettre en pratique. Compatir au chagrin de quelqu'un, à la situation difficile d'un autre est fort honorable, mais cela ne risque pas lui apporter le réconfort dont il nécessite. Il faudra que tu fasses un geste qui lui donne l'élan de l'Amour pour se sortir de la mauvaise passe dans laquelle il se trouve. Il aura besoin de ton sourire, de ton oreille pour y déposer les mots qui le font souffrir. Il aura besoin de ta main pour le réconforter et l'aider à porter son lourd fardeau. Tout ceci est enfin la représentation de l'Amour vrai : la communion de ta Divinité avec ceux qui t'entourent et qui ignorent *Qui* ils sont.

Après l'offrande, la compassion, il reste le dernier point qui sublime l'Amour dans toute sa splendeur, il s'agit du pardon. Sais-tu pardonner, ou est-ce un acte qui te répugne, te déstabilise, te met mal à l'aise ? Pardonner signifie que tu es capable d'endosser ton Manteau de Lumière et de tendre la main vers celui qui t'a blessé, sali, meurtri jusqu'au plus profond de ta chair. Es-tu capable de cela ? Moi, je le crois. Je pense juste que tu « n'oses pas » en être capable. Pardonner est l'acte le plus difficile qui puisse exister quand de vieilles rancunes restent tenaces, et pourquoi ferais-tu le premier pas si c'est l'autre qui t'a bousculé ? Fais cela, mon enfant, essaie et tu feras l'expérience de la libération totale.

Maintenant faisons un exercice, si tu veux bien. Fais une liste dans ta tête ou par écrit et réfléchis à ce qu'il te reste à accomplir pour être vraiment dans l'axe de l'Amour. Quelle expérience dort à jamais gravée dans ta mémoire et blesse encore ton cœur, malgré qu'elle soit très lointaine ? Quelle personne as-tu refusé d'aider sous prétexte que tu n'avais pas le temps, pas l'argent ou pas envie ? Quel acte inconsidéré as-tu fais envers la Terre qui t'aime de toute son âme ? Interroge-toi sur ces faits et prépare-toi à te libérer.

Une fois ton introspection terminée, referme doucement cette page et mets-toi dans la Lumière Divine. Prends le temps de récréer patiemment tes pensées au moment de chaque acte vécu, les sensations éprouvées, les personnes concernées et mets chaque chose dans la Lumière de la Source de Toute Chose. Aime, compatie, comprends et pardonne dans la Lumière Absolue. Mais n'oublie pas avant de rouvrir ce livre de TE pardonner pour que plus rien ne reste d'inachevé dans les créations de tes pensées. Bravo, tu as réussi !

Maintenant, sens-tu comme tu es léger, que tu as « un poids » en moins, que la vie est claire, lumineuse même, et que plus rien ne peut t'arriver si ce n'est le bonheur d'être ! Tu viens de faire la découverte de ce qu'est réellement l'Amour Inconditionnel. Celui que nous avons pour chacun de vous sans exception. Car, tu le sais, ni le Père, ni moi, ni personne d'autre ne veut te juger. Nous t'aimons avec grâce, avec force et pour nous tu es le centre du monde. Il n'existe pas de personnalité plus importante que toi. Toi qui te crois si petit, si insignifiant, tu es TOUT ce que nous désirons. Comprends-tu notre émotion, comprends-tu combien nous t'aimons ?

Prends donc soin de toi, tu es précieux. Prends soin de ta planète, elle t'aime tant. Prends soin de celui qui est à coté de toi, dans ta maison, dans la rue, il y a le Divin en lui comme en toi. Et aime !

Aime en ouvrant ton cœur à l'infini.

Aime en offrant au monde ce qu'il y a de meilleur en toi.

Aime sans exception et tu verras que tout change au moment où tu fais cela. Ta pensée vient de créer l'Amour. Tu l'offres à tous les vents et tu sèmes ainsi la beauté, la joie, la perfection autour de toi.

Soit Amour car la Vérité est cachée dedans.

Va en Paix, mon enfant. Je te berce sur mon cœur depuis tant de temps. Je suis si heureux de ce que tu es devenu et fier de ce que *Tu Es*.

Aime, aime, aime !

Et il en sera ainsi !

CHAPITRE 11

RETROUVER SON POUVOIR

Dans la Création de Toute Chose, il est établi que nous devons agir avec foi et confiance et que rien ne peut interférer dans le domaine de notre Supra Conscience. Nous, de la Hiérarchie, sommes si près de la Grande Création que la tâche nous est rendue aisée. Mais vous, enfants de la Terre, vous avez oublié votre connexion et vous désirez reprendre possession de tout ce qui vous est dû maintenant. C'est assurément justifié car pour agir en toute responsabilité vous devez être en possession de tout ce qui vous appartient depuis le début des temps. Nous avons vraiment envie de réintroduire en chacun de vous la semence de l'Amour Divin afin qu'elle puisse se loger à l'intérieur de chacune de vos cellules. Nos agissements sont régis par la formidable poussée de l'acte d'Amour et Dieu Notre Père Eternel nous guide en permanence vers la félicité. Aujourd'hui vous avez rendez-vous avec un de nos Grands Maîtres et il va vous parler de la façon dont vous allez retrouver tout ce qui fait de vous un Grand Maître, aussi. Prenez le temps de bien vous installer afin de goûter avec délice à chaque mot écrit. Allez dans la Paix intérieure en tant que Grands Êtres Ascensionnés.

« Je remercie mon Frère et Ami de me laisser la parole et je souhaite que notre rencontre d'aujourd'hui soit pour vous une communion de tous les instants. Je me présente, je suis Maître Hilarion du Rayon de la Connaissance Divine. J'ai pour tâche d'ensemencer la graine de votre compréhension et celle de votre réveil, comme beaucoup d'entre nous, vos guides et instructeurs, j'aimerais vous parler du pouvoir dans ses différentes représentations.

Si vous le voulez bien, je commencerai par exprimer, moi aussi, une petite définition de ce qu'est le pouvoir. Il est la façon d'agir en toute circonstance en pleine possession de la compréhension de ses actes afin d'introduire une autorité sur soi-même ou sur autrui. Il incite la personne à faire preuve de domination d'une quelconque manière que ce soit.

Nous avons tous en nous le pouvoir de régenter notre vie, de faire les choix adéquats aux moments opportuns. Nous avons le pouvoir de créer ce qui doit être expérimenté autant dans notre propre vie que dans celles des autres. Le mot pouvoir est souvent mal perçu car il induit automatiquement la domination sur quelque chose ou quelqu'un. Mais dire que vous avez plein pouvoir sur votre destinée ne demande aucune domination de quoi que ce soit. Au contraire, cela vous installe dans de grandes possibilités que peu d'entre vous ont décidé de vivre pleinement. Pourtant c'est par cela que nous allons commencer.

Le pouvoir est aussi représenté par la faculté de faire, la possibilité de décider, la fantastique potentialité de créer votre monde et celui des autres. Mais avez-vous conscience des pouvoirs qui sont déjà en vous ? Je ne vous demande pas de faire le tour de vos facultés extrasensorielles, mais juste d'exprimer clairement quel pouvoir vous ressentez, en ce moment, en vous. Je vais vous aider. Prenons l'exemple d'une situation que vous vivez et qui ne remplit pas tous vos espoirs, car elle ne va pas dans le sens de votre volonté. Avez-vous le pouvoir de changer les choses et pourquoi pas le cours de l'histoire ? Oui, bien sûr ! Non seulement vous en avez le pouvoir, mais en plus, vous en avez le devoir. Votre destinée vous appartient et vous POUVEZ en faire ce que bon vous semble.

Pour satisfaire votre curiosité je vais énoncer quelques ingrédients nécessaires à l'aboutissement de votre volonté. Prenons en premier la pensée créatrice. Avez-vous oublié qu'il vous suffit de penser pour créer ? Je pense que cette leçon a reçu un écho favorable dans votre entendement. De ce fait, si une situation vous gêne, créez par la pensée son contraire, un retournement favorable et voyez-le se dérouler « en temps réel » devant vos yeux. La deuxième possibilité est l'intention. Ceci a déjà été largement expliqué par mon Frère, mais je désire encore y revenir, tant elle a de l'importance. L'intention peut vous permettre, par le biais d'affirmations, de mettre en mouvement tout ce dont vous avez besoin pour entraîner avec vous vos projets, vos besoins, vos volontés. Et la notion de pouvoir se retrouve. Vous avez d'ailleurs une affirmation qui dit : « Quand on veut, on peut. » N'est-ce-pas suffisant pour commencer à réaliser les changements nécessaires dans votre vie ?

Permettez-moi maintenant d'ouvrir une parenthèse pour remettre les choses à leurs justes places. Nous allons parler du pouvoir tel qu'il est aussi conçu sur votre terre d'accueil. Il est mal vu de mettre en évidence certains personnages qui œuvrent dans l'obscurantisme le plus total. Pourtant, renier leur réalité serait occulter une grande partie de votre mal-être, de vos difficultés d'identification personnelles. Ces êtres, sans aucun scrupule, se sont permis depuis si longtemps de manœuvrer l'humanité qu'il est indispensable de connaître leur existence pour annihiler leur suprématie. Je vous engage à vous documenter sur ce sujet afin de parfaitement cerner ce type de pouvoir que nous aimerions voir cesser à jamais.

N'étant pas le sujet de cet ouvrage, je préfère vous parler de votre pouvoir personnel. Certains, parmi vous, ayant déjà un grand parcours spirituel commencent à retrouver les facultés inhérentes à leur position initiale. Je veux bien sûr parler de la télépathie, de la vision claire interdimensionnelle, de l'écoute limpide du Chant des Sphères et de leurs messages. Ces individus, dont vous faites sans doute partie, ont commencé à réintégrer leur Présence Je Suis et peuvent ainsi Etre ce qu'ils sont ailleurs, au milieu des champs dimensionnels. Ces facultés n'ont pourtant rien d'extraordinaires mais elles coïncident avec le retour de votre Divinité et la Supra Conscience de votre perfection. Voilà aussi une autre manière de changer le cours des choses. Et vous pouvez faire appel à toute votre panoplie d'accessoires pour retrouver enfin le plein usage de ce *Que vous êtes*, ici et ailleurs.

Alors, enfants de la Terre et des Etoiles, quand allez-vous demander à récupérer votre pouvoir sur la vie et ce qui vous entoure ? Quand allez-vous cesser de vous comparer à de petits agneaux qui se laissent conduire par une minorité pensante ? Quand enfin ferez-vous acte pour remettre en mouvement le Manteau de Lumière que mon Grand Frère vous a confié ? Tout vous est donné dans la mesure où vous le demandez. Qu'attendez-vous pour le faire ? Nous sommes à vos pieds, nous attendons vos appels. Parfois, une voix timide se fait entendre et nous tendons l'oreille pour répondre à l'appel, mais souvent les mots sans puissance, sans conviction se perdent dans le grand sidéral. Voulez-vous vous rappeler la formule adéquate pour demander ? Elle est si simple que vous l'auriez oubliée ?

Il suffit de faire appel à ce *Que vous êtes*, de grands Maîtres encore partiellement endormis. Commencez donc votre demande comme ceci : « Je fais appel à ma Divine Présence Je Suis pour que... ». J'en étais sûr, vous vous rappelez enfin *Qui vous êtes* ! Voilà, c'est ainsi fait, vous vous souvenez que vous avez plein pouvoir sur tout ce qui est à votre portée, comme sur la Vie de l'immensité qui vous entoure. Vous avez donc le pouvoir de changer votre façon de vivre et de la façonner à la perfection, mais le voulez-vous vraiment ? Vous avez plein pouvoir pour modeler votre corps, lui faire recouvrer une santé parfaite. Vous avez plein pouvoir pour demander l'aide subséquente que vous méritez pleinement. Mais par contre, ne confondez pas l'Intention pure avec les supplications que nous entendons souvent nous parvenir. Celles-ci sont d'ordre strictement religieuses et peu de dogmes religieux vous ont réellement appris à demander sans qu'il y ait une soumission de votre part. Vous êtes dignes de parler à notre Seigneur Sananda et vous êtes dignes de regarder en face la Grande Gloire de la Divinité qu'il représente, Notre Père/Mère à tous.

C'est donc avec force, puissance, conviction que vous allez mettre en action tous les pouvoirs qui sont vôtres afin de mener à bien la grande mission que le Créateur vous a confiée. Soyez dignes de l'acte d'Amour qu'Il a fait pour vous en vous donnant la possibilité de venir, en ces instants grandioses de grands changements, pour le retour vers la Lumière des Lumières.

Je vous bénis dans la joie de vous voir retrouver tout votre potentiel et de vous mettre à l'ouvrage dès maintenant afin de créer le Monde de demain. Celui qui verra fleurir la joie, l'harmonie cosmique, l'Amour Divin et la réunification avec le Tout.

Œuvrez en pleine possession de vos pouvoirs, ils vous attendent, ils sont vôtres et soyez des Maîtres accomplis, MAINTENANT ! »

Maître Hilarion.

CHAPITRE 12

LE RÈGNE DE LA SINCÉRITÉ

Salut à toi, mon enfant.

Te voilà de nouveau en train de lire un autre chapitre. Peut-être dévores-tu chaque page en étant avide de savoir ce dont parlera la prochaine puis l'autre encore. Mais ne serait-il pas mieux de prendre le temps d'intégrer chaque espace qui t'est proposé, en mettant un frein à la gloutonnerie de l'enseignement ? Il faut du temps pour que ton cerveau enregistre, puis classe toutes les données nouvelles ou répétitives qui te sont offertes en ce jour. Tu ne peux, ni ne doit franchir les étapes de façon inconsidérée, même si l'attrait de la nouveauté te fait dévorer une telle littérature.

Tu penses, à tort parfois, qu'il faut aller vite pour ne pas perdre une miette de tout ce que tu peux grappiller et tu te lances à corps perdu dans la recherche d'ouvrages traitant des sujets du Nouvel Age. Il est vrai que les rayons de vos librairies regorgent d'informations en tout genre, de channeling de tous les horizons, d'enseignants zélés qui te donnent toutes les meilleures recettes pour devenir ce que tu es. Mais hélas, le plus souvent, tu lis des ouvrages te vendant des recettes miracles, des exercices stupéfiants pouvant te faire accéder à des états de consciences modifiées, à une super santé physique et psychologique, à une maîtrise parfaite de ton mental et j'en passe. Outre le discernement qui doit faire légion dans ton comportement, il serait bien d'y ajuster la sincérité. Que vient faire ce mot qui semble si banal dans ce contexte ?

La sincérité peut regrouper une myriade d'expansions et se concrétiser de multiples façons. Elle est le moteur propulseur qui te permettra de créer autour de toi un climat de confiance, de sécurité, car en étant sincère avec toi-même, tu l'es envers les autres, n'est-ce pas ? Pas toujours, avoue-le !

La sincérité met en avant le mensonge. Celui qui semble si insignifiant quand il contourne une vérité pour la faire circuler plus facilement. Mais toutes les vérités ne sont pas bonnes à dire, semble-t-il ? Et si ce joli proverbe causait bien des dégâts dans ta vie ? Et si derrière ce charmant rideau de protection, tu avais omis de partager ta vérité avec les autres, même quand cela gène et surtout si cela gène ? La sincérité est celle d'un cœur qui sait reconnaître sa faiblesse et l'avouer. La sincérité est celle qui te permet d'offrir à l'autre de comprendre les situations qu'il est en train de vivre. Et n'as-tu pas toujours envie de donner un coup de main à l'autre ? Le peux-tu vraiment si tu gardes une partie voilée, de peur de faire mal, par crainte de perdre l'amitié ou l'amour de l'autre ?

Je le comprends parfaitement, mais pourrais-tu envisager cela sous un autre angle ? Nous avons commencé depuis le début du premier ouvrage à réintégrer en toi toutes les facettes de tes expériences, te permettant de te retrouver tout doucement. Nous avons œuvré avec sincérité quand nous t'avons dit que le chemin serait parfois difficile ou chaotique pour certains. Nous avons pensé qu'il serait bien que tu saches *Qui tu es* vraiment pour que tu ne penses plus en humain et que tu raisonnes en Maître, puisque c'est vraiment ce *Que tu es*. Si nous t'avions caché certains attributs de crainte de t'apeurer, de te bousculer, de te déstabiliser, aurions-nous vraiment fait notre travail ? Je ne le crois pas et je sais que tu penses de même. Alors, à ton tour, pourquoi ne pas agir en toute sincérité, d'abord avec toi-même, puis avec ton entourage ? Mais attention, nous allons aller ensemble encore plus loin.

Quand je te demande d'agir de la sorte, cela sous-entend que tu dois dévoiler aussi *Qui tu es* vraiment. Es-tu maintenant capable de dire à ton entourage que tu t'appelles Untel dans d'autres dimensions ? Es-tu capable d'affirmer haut et fort que tu représentes telle entité incarnée dans la densité de la 3e dimension ? Es-tu capable, devant le regard désapprobateur d'incrédules, de parler sans crainte de tes convictions profondes sans appréhender le ridicule ? Vois-tu à quel point la sincérité peut amener de difficultés dans ton existence et pourtant c'est par cela que tu vas devoir commencer.

Sais-tu que vous êtes des milliers et des milliers à marcher sur la Terre en ayant le même état d'esprit sans le savoir ? Sais-tu que, peut-être, sur le même palier de ton immeuble habite quelqu'un qui médite comme toi, qui envoie des pensées d'Amour à la Terre comme toi et n'ose pas en parler de peur du ridicule... comme toi ? Il n'est nullement question de pousser dans l'extrémisme cette sincérité et de faire une descente dans les rues en brandissant mon effigie par exemple, car le message risquerait d'être déformé. Mais il est grand temps de commencer à ouvrir les portes du cœur et d'oser parler aux autres de *Qui tu es* et ce pourquoi tu travailles en pleine conscience de ce *Que tu es*. Nous n'avons plus le loisir, enfant, d'attendre que les peuples se rassemblent timidement et qu'ils s'unissent enfin pour travailler. Nous n'avons plus le choix d'espérer que de telles réunions se fassent, nous les demandons ouvertement. Rassemblez-vous en toute sincérité et commencez à raconter les choses de votre vie, de votre cœur, de votre ressenti. Nous avons tant besoin de vous.

Quelle sera donc la première action que tu vas décider d'entreprendre, aujourd'hui, pour concrétiser tout ce que je viens de te dire ? Te semble-t-il que c'est parfaitement irréalisable et qu'il est impossible de rassembler les personnes de mêmes intentions ? Pourtant, vous êtes si nombreux vu d'ici.

Tu le sais, mon enfant, je ne peux rien te commander, juste te suggérer. Alors, je te suggère de ne plus dévorer tant de littérature spirituelle puisque tu sais que tu détiens la Vérité en toi, et au contraire je te demande de tout mettre en œuvre pour agir tant que c'est encore possible. Pour concrétiser cette sincérité, je voudrais que tu sois capable, lors d'une conversation entre amis, ou dans un repas de famille d'arrêter de parler de banalités pour faire du remplissage de vide. Je désire ardemment que tu sois capable de placer un mot qui soit complètement de connotation spirituelle. Tu en connais des centaines que l'on ne prononce que lors de réunion sentre « connaisseurs » : les chakras, la multidimensionnalité, l'Essence divine, les elfes et autres élémentaux, le prana, et bien d'autres en mettant peut-être une cerise sur le gâteau en prononçant le Nom du Créateur. Si un silence suit, la perche te sera lancée pour continuer à instruire ceux qui sont ignorants de tant de choses. Et qu'importe si les quolibets fusent, tu sauras que tu as réussi.

Je te félicite d'accepter cette mission de bonne grâce. Car tu l'as bien acceptée, n'est-ce pas ? Nous savions bien que nous pouvions compter sur toi, comme sur tous ceux qui sont de ton Essence.

Il est temps de refermer ton livre. Peut-être vas-tu t'endormir un peu et tu te réveilleras avec la force d'être sincère envers l'humanité encore en sommeil. Si tu restes éveillé, pose ton livre et pense à créer l'action que tu vas entreprendre afin d'offrir aux autres ce que tu sais déjà. Et avant tout, ose passer par-dessus les barrières en te donnant toutes les chances de rencontrer ceux qui sont comme toi et qui restent cachés derrière la tenture de peur d'être catalogués d'illuminés. Vous l'êtes tous puisque vous baignez sans cesse dans la Lumière de votre Père/Mère.

Je vous aime comme il n'est pas permis de le dire. Mais que deviendrait ma leçon sur la sincérité si je ne vous dévoilais pas ce qui est tout au fond de mon cœur ? Je vous aime sincèrement plus que moi-même.

Agit, enfant de la Terre, et rayonne partout et en tous lieux ce *Que tu es*.

Nous t'aimons !

CHAPITRE 13

LA VIE À L'INTÉRIEUR

Mes salutations.

Nous nous retrouvons, mes enfants, pour poursuivre le chemin que nous avons tracé pour vous. Il est semé de pétales de roses, vous le savez, et il ne vous reste plus qu'à faire les derniers pas vers la porte de l'Illumination. Non, je n'exagère pas en le disant, car nombre d'entres vous sont prêts à franchir la porte menant à la félicité. Nous savons que vous avez réussi quantité de passages et que vous franchirez avec allégresse les derniers mètres qui vous séparent de nous. La qualité de votre travail nous a permis de rentrer dans les dernières phases du cycle final et le temps est maintenant venu de la réconciliation ultime. Prenez quelque temps pour vous relaxer afin de bénéficier avec grâce de la parole qui va vous être dite.

Nous n'avons pas pour habitude de mâcher nos mots et nous sommes conscients que cela risque de choquer certains. Mais pourquoi vous entretenir encore dans le doux ronron existentiel si c'est pour vous perdre à jamais dans les méandres du labyrinthe de l'incompréhension. Avancez sans crainte vers la terre promise et nos bras sont grands ouverts pour vous accueillir.

Si vous le permettez, aujourd'hui nous allons prendre contact avec un de nos Grands Frères provenant de ce que vous nommez le Centre de la Terre ou encore l'Agartha. Mon Frère a l'habitude de délivrer son enseignement à celle qui nous porte assistance, en canalisant nos énergies vibratoires pour les transformer en mots de votre langage. Le Frère aimé est un résidant souterrain et je vous confie à lui pour écouter le message d'Amour qu'il va vous communiquer.

« Chers Frères, chères Sœurs.

Mon intervention, il est vrai, avait déjà été sous-entendue lors d'une conversation avec notre charmante intermédiaire et c'est donc avec joie que je prends la parole en cet instant.

Beaucoup de mes Frères ont commencé à réveiller quelques uns d'entre vous à notre existence potentielle et l'information diffusée fait son chemin. Vous avez entendu dire ou lu des enseignements vous prédisant notre venue parmi vous et je tiens à vous informer du déroulement de cette rencontre. Mais avant toute chose, il serait plus courtois que je me présente. Je m'appelle OTAÏO et je suis une Divinité habitant le centre de la Terre. Vous pouvez me percevoir comme un rescapé de l'Atlantide ou d'autre civilisation, telle que Mû, vous reliant à ce que fut votre antiquité. Nous sommes plusieurs peuples d'origines différentes qui cohabitent dans le plus pur Amour, en accord parfait avec votre monde. Notre influence, au niveau terrestre, est moindre dans le sens où nous sommes comme vous, des humains ayant franchi les portails dimensionnels, puisque nos corps sont séculaires. Nous avons fait le choix « d'hiberner » de cette façon pour conserver intact tout votre patrimoine, la mémoire de vos origines et celles de la Création. Nous avons pour habitude de nous réunir pour former une assemblée dans laquelle siègent de Hauts Dignitaires. Ils sont ce que l'on appelle les Sages et travaillent en plein accord avec nos lois, en servant de transmetteurs énergétiques puissants afin de vous permettre de faire la liaison entre le Haut et le Bas.

Certains, parmi vous, je le conçois, ne peuvent imaginer comment il peut y avoir une vie à l'intérieur de la Terre, alors que vous avez toujours appris qu'elle contenait un magma en fusion permanente et que sa température se rapprochait de celle du rayonnement solaire. Peut-être que cela fait partie des controverses qui ont suscité bien des histoires imaginaires afin de vous conserver dans l'ignorance la plus totale. L'heure du grand réveil ayant sonné, nous nous sommes joints à toute l'équipe Hiérarchique pour apporter notre soutien à la mise en œuvre du grand Retour. Nous attendons cet instant avec une joie infinie car il va concrétiser, pour notre peuple, des milliers d'années de service actif à votre insu.

Pourquoi avons-nous attendu autant pour faire part de notre existence ? C'est exactement comme si vous nous demandiez pourquoi on vous laisse dans l'ignorance de l'existence de nos Amis et Frères les *extra*-terrestres. Nous sommes frères et provenons de la même Source, mais nous avons accepté une mission distincte. L'enjeu du moment fut tel que nous avons décidé de continuer à travailler pour notre Terre d'une manière différente, tout en conservant la mémoire de celle-ci. Ainsi, il est grand temps que vous veniez vous instruire dans nos immenses bibliothèques et réapprendre l'histoire de la Terre et sa géographie telles qu'elles sont vraiment. La qualité de votre enseignement donné par des hommes ne vous a pas permis d'être en totale possession de tout ce que vous deviez connaître pour réaliser la grandeur de ce que vous représentez.

Le moment du retour est donc venu.

Beaucoup de littératures se font dignes de confiance quand elles vous apprennent à reconnaître votre potentiel divin à travers l'expérience de la vie quotidienne. Nous insistons sur le fait que vous avez en vous une immense réserve d'informations pouvant être libre à tout instant. Savez-vous maintenant vous en servir et venez-vous piocher les réponses à ce qui fait obstacle à votre avancée vers nous ? Essayez de vous mettre à l'écoute plus souvent de votre espace intérieur. Nous voyons encore des doutes, des craintes vous obstruant le passage vers la voie finale de votre Ascension. Nous attendons cet instant avec une immense joie et je désire, mon équipe et moi-même, vous aider à préparer ce dernier challenge.

L'édifice que vous avez construit est maintenant sur des bases solides et votre travail permanent nous encourage à nous unir à vos énergies pour vous faciliter la tâche. Peu connaissent encore la meilleure façon de procéder et oublient souvent que la simplicité doit faire légion. Ne pas vous engluer dans des rituels fastidieux nous permet d'agir à vos cotés. Mais si vous décidez de passer le plus clair de votre temps à réciter prières, suppliques ou quémandes, nous ne pouvons pas intervenir, car nous ne savons plus comment attirer votre attention. Dans le silence de votre cœur il est plus aisé de vous apprendre comment retrouver votre chemin et de vous y tenir, surtout dans les moments de grandes difficultés.

Nous savons bien que, n'ayant pas la connaissance de notre existence, vous ne pensiez pas possible qu'une telle association soit permise. Mais, maintenant, il est de bon augure de vous permettre de réaliser à quel point votre parfaite coopération est indispensable. Sans votre intervention consciente sur le déroulement du Plan, vous ne nous permettez pas d'agir en conséquence. Les

Sages et Maîtres qui transmettent les énergies telluriques vous demandent de vous joindre à eux pendant vos périodes de méditations ou de travail en groupes. Ils désirent que vous soyez prêts à recevoir des indications permettant à chacun d'entre vous de trouver sa réelle place au sein de cette grande Hiérarchie intraterrestre. Pour cela vous devrez, si vous le désirez, vous mettre en connexion avec votre Divinité et réaliser l'osmose entre les énergies Célestes et les nôtres. Le déroulement initiatique vous sera proposé à ce moment-là.

Nous travaillons dans le plus parfait Amour de notre Grand Ordonnateur et ce sont avec Ses énergies créatives que nous avons la possibilité de maintenir notre substance corporelle en très bonne constitution. Il nous est permis de choisir nos occupations journalières et nous nous relayions dans nos tâches. Cette extraordinaire entente fait cruellement défaut à la surface et nous sommes peinés de vous voir vous disperser au lieu de vous rassembler. Quand mon Grand Frère vous a suggéré de vous réunir, il pensait aussi à notre rassemblement. Car nous ne pouvons exister qu'au travers de la compréhension que nous sommes UN : vous à la surface, nous à l'intérieur des mondes, et eux dans les hautes sphères.

Je souhaite que notre appel soit entendu et que vous agissiez avec force et détermination. Nous n'avons pas besoin de publicité pour exister, mais faites passer l'information correcte relative à notre existence et à notre soutien. Le jour des retrouvailles est ainsi arrivé et nous sommes joyeux de pouvoir enfin vous faire partager notre expérience. Nous nous présenterons à vous comme des personnes ordinaires. Peut-être en costume trois pièces lorsque nous déambulerons dans les rues de vos villes. Mais sans doute, tenant compte de la pollution excessive de votre environnement, serons-nous plus à l'aise dans les endroits où vous avez su préserver la vie dans son authenticité. Soyez assurés que nous nous présenterons en tant que tels pour éviter toute interférence avec d'autres personnages peu scrupuleux. Pour cela nous vous suggèrerons quelques mots seulement connus dans l'intimité de votre vie. Nous vous connaissons par cœur car, ne l'oubliez pas, nous avons déjà fait un long chemin ensemble lors de notre passage à la surface de notre Terre. Beaucoup d'entre vous savent qu'ils ont participé, de loin ou de près, à la vie de l'Atlantide. A ce sujet, je désirerais que vous retrouviez une certaine sérénité face aux souvenirs qui sont concomitants des résurgences de certains de vos rêves nocturnes. Les mêmes erreurs ne peuvent se perpétuer une nouvelle fois, et c'est dans la grâce de l'Amour Créatif que nous vous dégageons de toute mémoire vous contraignant à rester derrière le voile de la peur.

Avancez sans crainte vers la porte du Soleil puisque vos pas sont guidés en permanence. Ayez une détermination et une confiance absolues pour réussir la dernière épreuve avant le diplôme final. Elle réside en l'acceptation de notre existence ainsi qu'à la coopération de votre Divinité au Service Créatif de Toute Chose. Nos Maîtres attendent votre assentiment et vous prient de reconnaître l'Amour qu'ils vous transmettent à chaque instant, dans le silence cristallin de votre Terre nourricière.

Merci d'avoir partagé avec moi ces quelques instants et faites que la Paix soit la plus grande motivation de votre aide précieuse. La Terre vous aime comme une Mère aime ses enfants chéris.

Vous êtes aimés. OTAÏO

CHAPITRE 14

LE FUNAMBULE[1]

La Paix du Très Haut est sur chacun de vous, mes enfants.

Une petite visite régulière au sein de votre groupe est, pour moi, un instant chaleureux. Sans réellement me présenter, je sais que quelques uns parmi vous m'ont reconnu. Mais je vais le faire pour ceux qui douteraient encore de mon identité. Vous me nommez SANANDA et je suis votre dévoué serviteur.

Votre absolue magnificence m'éblouit complètement. Je suis de nature très sensitive, vous le savez, mais je suis émerveillé et profondément touché de voir la vitesse avec laquelle vous progressez. Vous n'avez pas seulement envie de faire du ménage, selon votre expression, en vous comme tout autour de vous, mais vous vous y activez. Vous n'avez de cesse de vous remettre en question, de chercher à comprendre, d'approfondir, de tenter d'apprendre tout ce qui peut vous aider sur votre chemin, afin de construire jour après jour une maison dorée dans laquelle vous vous sentirez parfaitement à l'aise. Cette maison dorée n'est autre que votre beau

---

[1] Ce chapitre est extrait d'une réunion.

manteau lumineux. C'est comme si, chaque jour, vous rajoutiez une étoile à ce manteau. Ma comparaison peut être à double sens. Elle est en premier dans le sens de la Lumière que vous apportez, à tout votre être, à tout ce que vous représentez et ce *Que vous êtes*. Mais elle est aussi dans le sens d'une étoile que vous accrochez, comme quand vous médaillez quelqu'un et que vous lui offrez un symbole du mérite. Cette étoile nouvelle que vous fixez à votre manteau de Lumière est le signe du mérite, celui que vous vous êtes accordé le jour où vous avez décidé de vous mettre en commun pour participer à de telles rencontres, comme en ce moment pour discuter entre vous de vos idéologies mais aussi les mettre en pratique. Voila donc qui est bien plus agréable que passer du temps à palabrer, à échanger des idées, même si au travers de cela vous apprenez de l'autre. Mais mettre en pratique ce que vous savez est bien moins aisé que vous le pensiez, n'est ce pas ? Cela suggère que chaque jour, dans un quotidien harassant de travail et de difficultés, vous ayez l'étincelle et pensez : « Tiens, mais je ne Suis pas que cela, je ne *fais* pas seulement, je Suis un Être à part entière, je Suis une Divinité. Au travers de mes paroles, je sais m'ouvrir suffisamment grand pour offrir l'Amour, la joie et le bonheur à celui auquel je parle. A ceux que je rencontre, je donne et j'offre le Soleil de mon cœur. Et je sais posséder tant de Lumière en moi que je suis capable d'en offrir à longueur de journée ».

C'est pourtant dans des moments de grandes difficultés ou de problèmes que tout ceci s'oublie complètement. Vous n'avez de cesse de vous dire : « Mon Dieu, dans quel pétrin je me suis fourré. Pourquoi je ne comprends pas l'expérience que je vis. Et surtout : je n'accepte pas de vivre cela. » Vous vous rebellez, vous butez contre ce mur d'incompréhension et vous occultez parfaitement, à ce moment-là, votre Divinité… Mais je ne vous en veux pas.

N'oubliez pas et n'oubliez jamais qu'en ces moments si spéciaux, vous vous balancez, tels de jolis funambules, sur un fil. Certains ont l'extrême chance de posséder une large canne et ce joli bambou les aide à s'équilibrer pour aller d'un point à un autre. D'autres, au contraire, ont choisi par-dessus le marché de se compliquer la vie, et d'ajouter un vélo à une seule roue sur ce fil. Et de plus, la canne est bien plus courte que prévu. D'autres encore, aimant les complications, ne se suffisent plus du petit vélo et de la petite canne, mais ont rajouté une ou deux personnes sur leurs épaules à entraîner d'un bout à l'autre du fil. Et si je vous demandais simplement de marcher seul, en équilibre ? Avancez tranquillement sur ce fil, en ayant une foi si invincible que vous savez que vous allez atteindre le tabouret d'en face avec facilité, légèreté, doigté et assurance. Puis rappelez-vous que vous avez fait ceci des vies et des vies durant, que vous ne faites que recommencer la même chose : passer d'un tabouret à l'autre en vous aidant d'une très grande canne flexible qui pourrait être moi, en l'occurrence, ou simplement mon Père/Mère.

Peut-être, pourriez-vous penser que vous êtes tranquillement sur votre fil, et que devant vous se déroulent encore quelques mètres, bien sûr, mais que vous tenez dans vos mains l'assurance de votre stabilité. Et que, si à un moment donné vous êtes dans une expérience où votre comportement ne vous plait guère, si vous vous murez devant une incompréhension, devant des personnes n'arrivant plus vraiment à être à la hauteur de vos ambitions, il ne s'agit aucunement de faire demi-tour. Mais peut-être vous suggérerez à la personne qui est sur vos épaules d'avoir la gentillesse de prendre un très grand bambou, afin qu'ensemble vous puissiez être équilibrés. Si elle refuse, prenez-là doucement par les épaules et mettez-là sur le fil en disant : « Maintenant, va ! Je n'ai plus à porter ta vie ! Fais-le, car tu n'apprendras rien sur mes épaules, tu ne connaîtras rien et tu ne seras pas. Alors, va ! » C'est certainement le plus grand service que vous lui aurez proposé. Et pour tous les autres, ceux qui ont voulu compliquer leur vie en mettant une bicyclette à une seule roue sur ce fil, ayez la gentillesse d'en descendre, vous n'irez pas plus vite en pédalant. Peut-être, qu'au contraire, vous aurez à redoubler de plus d'attention pour garder votre équilibre précaire. Laissez-vous simplement aller sur le fil, en avançant pas à pas, en glissant tel un funambule qui a répété son exercice maintes fois. C'est cela l'apprentissage de la Vie. Ou plutôt, c'est cela la « répétition » de vos vies.

Vous savez, j'en suis sûr, que vous n'êtes plus qu'à quelques mètres du tabouret d'en face. Peut-être, ces derniers pas seront décisifs, mais ôtez donc toute crainte car, tel un funambule, vous n'aurez qu'à suivre le fil de la vie qui est juste devant vous. Et quelles que soient les décisions que vous prendrez, vous serez toujours sur ce fil, à quelques mètres de votre but.

Si j'ai choisi de vous parler sous forme de conte, ce soir, en vous comparant à des équilibristes, c'est pour que vous ne le perdiez pas, ce fil. Vous l'avez tendu depuis des milliers d'années et pendant tout ce temps vous n'avez fait qu'aller d'un bout à l'autre et recommencer. Alors n'ayez plus la crainte de ne pas vraiment réussir ce pourquoi vous êtes là. Vous savez déjà le faire, vous l'avez fait tant de fois. La seule différence qui puisse exister entre les anciennes vies et celle-ci, c'est que maintenant vous avez des spectateurs, les répétitions sont finies. Les observateurs sont des personnages de très Haut Rang qui vous contemplent attendris, émus par votre dextérité, votre assurance. Et quand ils vous voient vaciller sur ce fil, ils vous prennent par la main ou par le bras. Jamais, au grand jamais vous ne tomberez. Vous êtes soutenus et portés. Sans doute que vous n'avez jamais vu de spectacle comme celui-ci où l'auditoire prend part. C'est ça la nouveauté ! Nous, le public, sommes si heureux de vous voir déambuler, à quelques pas du tabouret devant vous, que nous vous apprenons comment devenir plus légers. Nous vous donnons le plus possible d'indications, de quelque manière que se soit, pour assurer vos pas et les faire glisser tout doucement sur cette corde tendue vers cette dernière porte.

Sur ce réceptacle, nous sommes des milliers à vous attendre. Et si vous pouviez tendre l'oreille, vous percevriez déjà des clameurs, des cris d'enthousiasme, des rires de bonheur à vous voir arriver, vous, les grands funambules de la vie, arriver à la Maison. Nos cœurs s'en réjouissent et nous ne serons jamais trop pour vous dire comme nous aimons vous voir partager des prières entre vous, des invocations, des créations de toutes sortes. Nous vous remercions pour cela.

La qualité de votre travail est totalement proportionnelle à ce *Que vous êtes* et ce *Que* vous représentez. Tout doucement, chacun d'entre vous reconnaît son identité première et petit à petit relie toutes ses formes d'identités dimensionnelles. Prenez donc votre temps, vous avez encore quelques moments pour faire cela. Et nous vous aiderons encore et toujours à vous reconnaître puisque, tels de grands équilibristes de la vie, vous avez toujours su que vous étiez de Grands Êtres.

Je termine mon passage dans votre groupe en remerciant aussi certains car je sais que vous avez tenu dans vos mains le premier édifice d'une longue série dont j'aimerais vraiment partager la lecture avec vous.

Puis-je enfin vous conseiller un petit moment de création ?

Je vous suggère de porter consciemment votre main droite sur votre cœur. Juste sous votre main, peut-être avez-vous déjà perçu qu'il s'est logée ma Rose rouge. Si ce n'est pas le cas, mettez-là en visualisation. Ressentez maintenant, tout doucement, la chaleur à cet endroit. Vous ne pouvez plus distinguer si c'est votre main, si c'est la rose ou si c'est votre cœur qui émane cette chaleur. Ce n'est rien de tout cela. C'est mon Amour pour vous qui se dépose, en cet instant, dans votre cœur. Tout à l'heure, très gentiment, vous avez placé la Terre, votre Mère nourricière à l'intérieur de votre cercle lumineux et je puis vous assurer qu'il baigne de Lumière ce cercle. Vous avez offert, à votre manière, votre Amour à la planète. Recommencez donc à le faire cette fois-ci en y joignant le mien. Pour cela, symboliquement, vous allez tenir avec votre main droite la rose qui est posée sur votre cœur. Elle exhale un parfum délicat et doux que vous pouvez sentir en cet instant.

En tenant votre rose rouge posée sur votre cœur, vous allez prononcer une phrase pour la Terre/Mère dans votre tête ou tout haut, comme il vous plaira. Dites simplement ces mots :

« Je te dédie, à toi, ma Terre, ma Mère nourricière de tous temps, mon Amour le plus grand, le plus pur que j'ai dans mon cœur. Je te dis simplement ces mots : je t'aime et je te remercie d'avoir souffert, d'avoir grandi, en même temps que moi j'ai souffert et j'ai grandi. Je t'offre maintenant cette Rose rouge afin que tu puisses, toi aussi, la porter dans ton coeur et que par ce geste très symbolique, nous soyons l'un et l'autre unis pour nous diriger vers notre

demeure finale. Ma Mère, ma Terre, sois assurée de mon Amour comme je reconnais le tien dans mon cœur. »

Merci d'avoir fait cela pour elle.

Je vais me retirer tout doucement mais avant, j'aimerais vous demander quel jour serons-nous demain ? Ce sera le jour que vous nommez Ascension, n'est ce pas ? Et même si, pour certains, il ne représente rien du tout au niveau religieux, j'aimerais que demain, chacun d'entre vous ait une pensée particulière sur la manière dont il désire ascensionner. Chaque personne ici présente aura à faire ce choix dans des temps extrêmement proches. Comment désirez-vous ascensionner ? Je souhaite que dans votre cœur, demain, vous y pensiez juste quelques minutes afin de pouvoir en débattre dans votre prochain atelier de travail. A cette prochaine réunion où je serai présent, nous en discuterons ensemble car je prendrai la parole, si vous le voulez, bien sûr ! Je remercie chacun d'entre vous d'être là ce soir pour le travail d'Amour qu'il a offert et de par sa présence. Sachez que je porte chacun et chacune dans mon cœur, certains l'ont déjà lu, d'autres le savaient, mais soyez en assurés si vous l'aviez oublié.

Je vous bénis tous pour votre Présence Divine, ici et ailleurs.

Vous êtes aimés et accompagnés.

Soyez en Paix, mes funambules.

Chapitre 15

La Fin du labeur

Ma bénédiction sur vous, enfants de la Terre.

Le Principe de toute chose veut que nous établissions un image plus ou moins claire de ce qui existe et que nous fassions en sorte de remplir au mieux nos fonctions. Il en est de même pour vous, chers enfants, et je me dois aujourd'hui de laisser la parole à celui qui, avec moi-même, a la grande responsabilité de votre vaisseau nommé la Terre. Je ne vais pas discourir outre mesure car je ne pourrais pas remplacer les mots qui vont vous être dit, maintenant, par celui qui est votre Prince Planétaire. Je laisse donc mon Frère Sanat Kumara vous abreuver à la source de sa Divinité.

« Vous êtes des joyaux de l'univers et je vous aime tendrement.

Ma démarche de ce jour ne se veut en aucune façon moralisatrice. Simplement, je sens que mon devoir est d'intervenir par le biais de cet ouvrage afin de toucher vos cœurs. Et je sais aussi à *Qui* je m'adresse en formulant ces mots. Je sais *Qui vous êtes*, et si vous avez fait la démarche de lire jusqu'ici tout ce qui a été écrit pour vous, cela veut bien dire que je ne me trompe pas de Personnages en affirmant que vous êtres bien les Frères et les Sœurs de ma Famille.

Nous avons communiqué tant et tant de fois au sein de nos réunions communes, celles que nous avons entre nous et qui concernent surtout vos êtres multidimensionnels. Nous avons passé en revue, lors de nos rencontres, tous les problèmes inhérents à la surpopulation, à la pollution, à la captivité de certaines catégories d'êtres au sein même de leur patrie, au manque de respect de la nature et surtout du genre humain. Nous avons pu constater que certains individus, avides de notoriété, ont décidé de mettre tout en œuvre pour manipuler les consciences et rendre vos frères inaptes à tout discernement. Et vous avez accepté de bonne grâce de vous joindre à eux afin de parvenir à réveiller le plus possible de ceux qui font partie de notre grande Famille. Je puis vous assurer maintenant que beaucoup d'entre vous ont rempli leur contrat et que le moment est venu de faire le bilan de vos actions.

Chers Frères et Sœurs, il reste encore, hélas, beaucoup à faire pour sauver les âmes qui choient en ce moment même, et qui s'épuisent dans leurs difficultés passagères. Je sais que vous faites votre possible pour maintenir la paix, que vous vous employez à reconstituer votre Famille, que vous aidez ceux et celles qui se trouvent dans le besoin du mieux que vous pouvez. Il ne s'agit plus maintenant de compatir mais d'agir avec force et conviction. Il ne s'agit plus de consoler les cœurs ou les âmes mais de forcer quelques portes encore verrouillées par l'oubli ou le manque de confiance. Nous avons grand besoin de votre aide et de votre soutien. Sachez enfin que vous avez maintenant le

« pouvoir » de reprendre possession de tout ce qui fait vos attributs de Guerriers de la Lumière, de Maîtres Ascensionnés, d'Anges ou d'Archanges. Il est grand temps de vous retrouver comme vous êtes vraiment : de très Grands Personnages qui ont donné leur vie afin d'accéder à ce que vous avez toujours voulu pour vous et pour les autres.

Des vies et des vies durant, vous avez oscillé entre deux formes de concrétisation : entre la matérialité et le domaine de la créativité, 3e et 4e dimension. Mais jusqu'à présent, vous n'aviez pas pu revenir vous blottir dans nos bras accueillants. Ceci est en passe de se produire d'un instant à l'autre. C'est ce cadeau merveilleux, dont vous avez souvent entendu parler, qui vous est offert maintenant en même temps que votre sceptre et votre bouclier. Nous avons réussi à vous faire vaincre la peur, la crainte et le merveilleux instant des retrouvailles est tout proche.

Pourtant, je désire encore attirer votre attention et vous mettre en garde contre le relâchement. Vous tenant près de la porte de votre Maison, vous ne devez pas pour autant perdre à l'esprit que les derniers instants préparant la libération finale peuvent être d'une grande intensité et vous devez redoubler de vigilance. Les forces créatrices, quelles qu'elles soient, se sont données rendez-vous en même temps et la dernière bataille qui s'en suit devra voir votre suprématie triompher. Malgré cela, je tiens à vous informer que nous ne pourrons en aucun cas faire le travail à votre place. Toute l'aide dont vous avez besoin vous sera donnée avec le plus grand Amour, et il nous serait pénible de vous voir reculer devant le dernier passage. Celui-ci représente l'aboutissement de milliers d'années de vies et d'incarnations, ici même, sur la planète dont je suis le responsable. Votre retour dans la Divinité vous permettra de passer derrière le rideau de l'oubli, le voile dimensionnel, le mince espace qui vous sépare de votre véritable Famille de la 5e dimension et au-delà.

Ô combien nous sommes heureux de vous voir déterminés à remplir vos fonctions jusqu'au bout ! Ô combien nos cœurs se serrent d'émotions en vous voyant vous investir corps et âmes pour ce dont vous êtes faits ! Nous n'avons pas pour habitude de vous couvrir d'éloges et même parfois nos frappes amicales, pour vous remettre sur le bon chemin, vous apparaissent comme de grandes épreuves à traverser. Mais en cet instant, je vous demande de redoubler d'ardeur au travail, au Service, à la joie de voir aboutir des milliers d'années de coopérations étroites entre vous et nous. Enfin, quand cesserez-vous de douter de ce que vous représentez ? Quand aurez-vous la force suffisante pour vous lever et dire les choses de votre cœur en ne craignant plus d'être jugés ? Quand aurez-vous une confiance telle que plus rien, ni personne, ne pourra troubler votre quiétude intérieure et que vous avancerez sans fléchir vers la porte de sortie ? Vous y êtes presque. Offrez ce dernier petit effort à Notre Père/Mère Créateur à tous car Il est Celui qui a le plus besoin de votre Amour. Le sien vous est acquis depuis la nuit des temps et vous aviez perdu tout espoir de connaître un jour ce qu'est être réellement aimé.

Votre passion pour la planète m'a permis de mettre en route tous les mécanismes de survie pour les règnes végétal ou animal. Mais regardez de plus près la nature qui vous entoure. Vous allez découvrir avec joie, et peut-être stupeur, de nouvelles espèces arriver autour de votre maison sous des formes encore inconnues. Elles sont les prémices de cette Nouvelle Ere, ce Nouveau

Monde dont vous avez tant entendu parler. C'est grâce à vos efforts constants que vous avez permis que cela se produise. C'est grâce à votre détermination à toute épreuve que vous avez permis à la Vie de s'installer dans un nouvel environnement. Pour tout cela, je vous remercie sincèrement. Il ne m'aurait pas été possible d'accomplir seul ce prodige.

Dans quelque temps, vous pourrez constater que tout change autour de vous et qu'une nouvelle vision des choses vous est offerte. Cela voudra dire que vous rentrerez directement dans la dimension supérieure de la création libre (4e). Je ne peux que vous répéter de faire preuve d'une grande vigilance au niveau de vos créations de pensées. Vous aurez la chance de voir s'accomplir sous vos yeux la pensée créée sur l'instant. Quel magnifique cadeau et quelle grande responsabilité aussi ! Mon Frère et Ami a souvent mis l'accent sur l'extrême nécessité de faire de vos pensées une manière de créer en toute conscience. Je réitère ce vœu afin de mettre dans vos cœurs le fait de vous prendre totalement en charge, individuellement. Vous avez à terminer ce passage avec panache et grandeur. Vous devez donc vous occuper de vous et de votre vie exclusivement, ne plus porter des fardeaux inutiles ou ceux de vos proches, car leurs créations vous seront impossibles à maintenir, ne faisant plus partie de votre propre Divinité.

Reliez-vous à moi par la pensée quand quelques obstacles vous demandent une énergie que vous ne connaissez pas.

Déployez toute votre attention pour préserver le respect de votre planète.

Exigez de vos dirigeants la vérité primordiale sur ce

qui existe autour de vous et que l'on vous a caché depuis toujours.

Maintenez le cap vers la sortie de cette spirale qui vous a vu vous enrôler pour l'exécution du grand Plan prévu par notre Père à tous. La dernière ligne droite sera sans doute la plus courte mais aussi peut-être la plus difficile.

Vous êtes soutenus dans l'espérance de grandes retrouvailles par la Grande Hiérarchie et je souhaite que vous puissiez puiser la joie de nos cœurs pour vous donner le courage de franchir le seuil de votre Maison, la tête haute, couronnée de l'Amour du Père Eternel.

Nous vous aimons et vous chérissons.

Jamais la Terre n'a été aussi heureuse de voir ses enfants l'aider à éclore telle une magnifique Rose rouge symbole éternel de l'Amour Divin.

Nous vous attendons. »

Sanat Kumara

Chapitre 16

La Gratitude

La gratitude exprimée sera le dernier chaînon de cet ouvrage. Pourquoi terminer ainsi ? Parce que tout doit commencer ainsi !

L'expression de gratitude doit ou devra faire partie de toutes vos journées dorénavant. Il vous sera demandé de faire acte de gratitude envers tout ce qui vous entoure pour permettre aux différentes énergies de s'extérioriser et ainsi vous offrir le sceau de la communion éternelle.

Mon introduction semble bien formelle, mais elle l'est dans le sens où, maintenant devenu des Maîtres à la Toute Puissance, il est grand temps d'intégrer pleinement le dernier attribut de votre divinité.

Il aurait été logique de commencer par cela, mais la logique n'est pas de notre fréquence, bien que tout soit harmonieusement calculé. Nous ne pensons pas vous donner des informations qui ne rentrent pas en résonance avec vous si elles s'insèrent mieux plus tard, lorsque votre conscience élargie vous permet non seulement de comprendre, mais aussi d'appliquer. Et n'est-ce pas le but de tout ouvrage que d'appliquer, ou du moins tenter de le faire, tout ce que vous apprenez.

Exprimer la gratitude sera donc le point d'orgue de ce livre.

Il est normal qu'à la fin d'un spectacle vous applaudissiez les acteurs de celui-ci, ou encore à la conclusion d'un débat vous remerciiez à votre façon l'intervenant. Nous allons donc procéder aux remerciements d'usage pour tous les Êtres qui ont concourus à l'élaboration de ce livre. Nous n'avons pas d'ego et nous ne sommes pas dans l'attente d'une telle manifestation, mais c'est grâce à La Création que je peux vous sensibiliser au partage.

La Création de Toute Chose a permis que vous soyez au bon endroit au bon moment et je me permets de commencer les congratulations par *Celui Qui Est*. Car sans Lui, ne nous serions pas. Un mot de remerciement de votre part chaque matin ou pendant la journée va permettre de vous mettre en perpétuelle connexion avec la Source de Toute Chose. Cela peut s'accomplir lorsque vos yeux émerveillés entrent en contact avec un clin d'œil orchestré par nos soins, celui qui semble arriver au bon moment, là où les « batteries » commencent à être à plat, où les émotions prennent le dessus, où la tristesse subite se loge dans votre mental en proie à toutes sortes de désagréments. L'étincelle que nous vous envoyons peut faire éclore un sourire et vous mettre de nouveau en connexion avec le Divin.

Puis, rappelez-vous, depuis votre arrivée sur cette planète ou ailleurs, veillent sur vous de nombreux volontaires qui attendent souvent toute une vie pour que l'on reconnaisse leur existence et qu'un signe leur soit envoyé. A ces nombreux Guides, Anges gardiens et Maîtres, je dis merci. Leur Amour est immense et vous permet de ne pas basculer quand votre ligne de vie devient chancelante ou que vous vous perdez dans trop de matérialité.

Au sein de la nature, maintenant, vous avez à penser à ceux qui se manifestent par leur espièglerie et qui sont d'humeur taquine là où ils se sentent aimés et protégés. Je veux, bien évidement, parler des élémentaux, des elfes, des sylphes, des gnomes, et autres lutins et farfadets qui sont au service de votre Terre/Mère, mais aussi au votre. Même s'il existe actuellement une réelle « mode » des habitants ailés de cette planète, pourriez-vous penser qu'avant tout ils se battent chaque jour pour vous aider à protéger la nature, à réparer les dégâts causés par votre inconscience. Ils travaillent en parfait accord avec les éléments de la vie que l'on a tort de croire « inhumains » : l'eau, l'air, le feu, la terre, la conscience. Ces derniers œuvrent aussi à préserver la Vie quelle qu'elle soit sur toute planète similaire à la vôtre. Et vous savez bien que, même dans l'imperceptibilité de vos sens, on veille à votre confort et on vous aide grandement. Voilà pourquoi s'extasier sur la beauté d'une fleur va droit au cœur de celui qui s'en occupe. Pour ouvrir une parenthèse à ce sujet, j'aimerais que vous ayez l'idée de solliciter qui de droit afin de réguler, par exemple, les habitants trop envahissants de votre jardin, plutôt que de les occire à partir de produits chimiques destructeurs de la grande Famille des ailés. Pourquoi donc ne pas demander simplement à vos habitants de jardin de faire le nécessaire en ce sens ? Et un petit clin d'oeil amical sera la reconnaissance de leur existence et leur servira grandement de remerciement.

Dans la pyramide de la Hiérarchie que vous avez construite, tel un joli organigramme, vous placez successivement les Séraphins, les Anges, les Archanges et autres catégories de Personnages actifs en montant graduellement les étagères de vos compartiments de compréhension. Mais c'est bien une façon très « humaine » de quantifier, classer les choses pour un meilleur entendement de ce qui existe. Je ne peux me permettre de vous dire aujourd'hui que ceci n'est d'aucune utilité, car ce serait entrer dans une polémique qui demanderait d'amples explications, et vous auriez perdu vos repères. Je voudrais juste mettre l'accent sur le fait qu'aucun élément de cette grande pyramide ne peut fonctionner sans l'autre. C'est comme si vous demandiez à votre cœur de battre seul hors de votre corps. Il n'y parviendrait pas longtemps. Nous sommes donc tous en interconnexion et nous « travaillons » de cette manière. Il n'existe pas un Personnage plus haut gradé qu'un autre, plus qualifié qu'un autre. Nous sommes simplement une très grande équipe dont VOUS faites partie. Rappelez-vous encore votre appartenance à la grande Hiérarchie et n'oubliez plus de vous poser sur une des nombreuses étagères de votre compartimentation. De ce fait, remercier la Hiérarchie revient à vous remercier, n'est-ce pas ? Alors, faites-le séance tenante ! Remerciez-vous pour ce *Que vous êtes*. Congratulez-vous pour ce que vous devenez chaque instant un peu plus. Applaudissez les miracles que vous accomplissez. Car en faisant cela vous toucherez l'un d'entre nous qui est vous. Souvenez-vous de votre multidimensionnalité expliquée par Maître Kut Humi. Mais, bien évidement, si vous sentez l'envie d'exprimer de la gratitude pour ceux qui se sont joint à moi, vous pouvez le faire maintenant. Ils sont tous à votre écoute et vous envoient le meilleur d'eux-mêmes par mon intermédiaire.

Je ne me situe donc pas en haut de la pyramide comme vous me placez souvent. Je Suis simplement. Je suis en vous, autour de vous, avec vous, ni en haut, ni en bas, simplement là comme en ce moment. Je suis dans les doigts de la main qui écrit ce message, je suis dans le regard de l'enfant, dans la fleur de votre jardin, comme vous.

Je vous remercie à mon tour pour ce que vous êtes devenus : de Grands Maîtres. Je ne puis plus vous appeler mes enfants, même si je suis toujours les bras qui peuvent vous consoler, les mots qui aident à comprendre, le vent léger qui apaise votre cœur, le doux baiser qui se pose sur votre front. Ma fierté est grande et je sais que chacun est maintenant disposé à faire le grand saut vers la re-connaissance. Nous vous avons certifié de notre aide et elle reste à votre entière disposition. Mais n'oubliez pas de la demander et de faire en sorte que nous comprenions que vos motivations sont sincères.

Merci à Toi qui m'a lu avec patience en essayant de comprendre mon message du mieux de ton cœur.

Merci à toi qui connaissait déjà tant de choses que j'ai répétées encore dans cet ouvrage.

Merci à toi qui a pris conscience de ce *Que tu es* et qui va faire en sorte de le vivre au quotidien.

Merci à toi qui balbutie dans ta nouvelle vie, ta nouvelle spiritualité et avance encore fragile vers le Temple de la Paix intérieure.

Merci à vous tous de la part de la Grande Fraternité de Lumière. Vous êtes aimés, choyés, entourés, et nous vous offrons à chacun une Rose rouge. Que cet immense bouquet odorant soit le souvenir éternel de votre appartenance à la Grande Famille Intergalactique.

Je vous adombre de tout mon Amour.

Qu'il en soit ainsi !

Adonaï

Message de Paix et d'Amour

Mes Créatures tant aimées.

Il n'y a pas de début, il n'y a pas de fin, tout n'est qu'expansion.

Auriez-vous pensé un jour que Je puisse m'adresser à vous de cette manière, vous qui m'avez placé si haut « dans le ciel » ? Avez-vous oublié que Je vous ai donné la vie et que la Matrice de l'Univers est votre nid douillet ? Nous ne sommes qu'une seule et même unité dans l'Absolu de toute Chose. Je Suis le Père, Je Suis la Mère, Je Suis l'Un, le Tout, la Volonté Divine, le Sans Nom, l'Unique. Quel que soit l'appellation que vous Me donnez, vous la placez hors de votre personnalité et ceci est une grave erreur.

Il est vrai que beaucoup disent avec foi, conviction et parfois humilité : « Que Ta volonté soit faite et non la mienne. » Cela signifie que vous vous en remettez à Moi pour que Je puisse exécuter à Mon aise tout ce qui est prévu pour votre éducation, de la naissance à l'apogée dernière. Ne pensez-vous pas qu'il est grand temps, maintenant, de prendre votre envol afin de vivre en tout état de conscience votre divinité, votre grandeur, car vous êtes à Mon image, n'est-ce pas ? Il n'y a rien qui ne soit pas à Mon image, ni l'arbre de votre jardin, ni l'oiseau dans la cage, ni le vent de la mer, ni le voisin de votre palier. Vous êtes tous Mes enfants et Je Suis simplement Celui qui vous a donné la Vie. A partir de cet instant, vous avez à comprendre que votre rôle est primordial, car il Me permet d'expérimenter tout ce que représente la Vie, du microcosme au macrocosme. C'est une rude tâche qui vous est demandée, et vous avez du passer par maintes difficultés, exécuter bien des méfaits, ressentir tant d'Amour, pour être maintenant devenu ce que vous êtes : des Êtres entiers prêts à retourner dans Ma Maison.

Ce livre a commencé par vous rappeler votre appartenance à la Totalité en vous expliquant votre provenance Divine. Et maintenant, Je vous demande de réintégrer parfaitement tous vos potentiels, toutes vos identités, tout ce qui fait que votre splendeur peut enfin rayonner dans l'Univers des univers. Croyez-vous que votre histoire soit terminée ? Pas le moins du monde. Vous avez devant vous l'éternité et ce que vous avez déjà vécu ne représente qu'une infime partie de ce que vous êtes capables de faire. D'autres expériences, d'autres niveaux d'évolution, d'autres retrouvailles vous attendent dans la joie. Et c'est Moi-même qui vais avoir l'honneur de vous faire entrer de nouveau dans la bulle d'Amour qui est Mienne. Ce retour à la Maison se fera d'ici peu pour la majorité d'entre vous et d'autres continuerons d'aider leurs semblables en les soutenant de tout leur Amour. Quel que soit le choix de vie que vous ferez dans les futurs proches, vous ne serez plus jamais séparés de Moi.

Je vous glorifie pour ce que vous avez osé faire. Vous êtes tous des artisans au service de cette planète depuis des éons et le moment des retrouvailles a sonné. Vos proches vous attendent tendrement derrière la grille et comme des parents attentionnés, ils vont vous aider à traverser la route pour vous ramener chez nous.

Que ces quelques instants de vie terrestre soient pour vous le moyen de comprendre combien vous êtes aimés et combien grande est la joie de tous ceux qui vous guident !

Le partage de la Vie continue bien après la lecture de ce livre car Je sais que, dorénavant, vous ne Me mettrez plus si loin, comme sur un trône avec une barbe blanche, mais que vous saurez que Mon cœur est votre cœur, que Mes yeux sont vos yeux, que Mon Verbe est le vôtre. Je vous porte dans mon sein et Je remercie le Fils des hommes pour son regard attentif et pour la patience et l'Amour avec lesquels il continue de guider vos pas vers notre demeure.

La Paix, l'Amour doivent enfin résonner à l'intérieur des remparts de l'innocence, faire éclater les barrières de l'incompréhension, dissoudre les murs de haine et faire naître dans vos cœurs l'Amour pur qui vous unit tous dans vos différences.

Que ces quelques paroles soient pour vous le Souffle Divin dont vous aviez encore besoin pour vous reconnaître tel que vous Êtes : **Dieu** !

Conclusion

Ne vous avais-je pas dit que la fête allait continuer ?

Ainsi s'achève ce deuxième tome. Je souhaite que vous ayez pris plaisir à lire tout ce que la Grande Fraternité avait à vous rappeler et que tous ces instants magiques que vous avez ressentis soient à jamais gravés dans vos cœurs. Je souhaite aussi que la mémoire de votre appartenance à « autre chose » soit devenue si naturelle qu'elle fasse partie de votre quotidien.

Enfin, s'il m'était permis de rajouter quelque chose, je voudrais vous dire que, peu de temps après la fin de ce nouveau livre, la Hiérarchie m'a fait part de la continuité de cette œuvre. Certains éléments seront différents de ces deux premiers ouvrages et d'autres carrément nouveaux. C'est donc avec joie que je vous retrouverai dans peu de temps pour partager encore avec vous tout l'Amour qui anime mon cœur. Je ne vous en dévoilerai pas plus pour aiguiser votre curiosité et surtout pour que vous sachiez que rien n'est statique, figé ou inéluctablement fini.

Ma « Flamme Jumelle » est *heureux* de vous faire part de son aide continuelle et même s'il ne possède pas de courrier électronique, il saura répondre parfaitement à tous ceux qui désireront le contacter, comme tous nos Frères et Sœurs de la Hiérarchie.

Avant nous ne savions plus, maintenant nous SOMMES !

Tous mes chaleureux remerciements à l'équipe des Editions Hélios et plus particulièrement à Franck Bernard pour sa patience, son *fair play*, sa disponibilité et son magnifique travail.

Pour contacter l'auteur :
Pascale Arcan
Monplaisir
47230 Barbaste
France
email : arcangel@free.fr

P61

Table des matières

Achevé d'imprimer en septembre 2003
sur les presses de la Nouvelle Imprimerie Laballery - 58500 Clamecy
Dépôt légal : septembre 2003 Numéro d'impression : 309161

Imprimé en France